心に響く「短調クラシック」入門

センチメンタルな音楽があなたを癒す

壺井一歩

廣済堂新書

まえがき

切ない恋愛映画のラストシーンに涙し、小説の登場人物の不遇を思って一緒につらくなる。そんな経験、誰にでもあることですね。それは共感だったり同情だったりするわけですが、描かれている内容を理解できないことには共感も同情もできません。そしてその内容というのは、基本的には言葉によって説明されるものです（映画の場合は言葉以外の要素もありますが）。映画や小説では、私たちはまず「意味」を受け取った上で感動しているということになります。

絵画の場合はどうでしょうか。言葉はなくとも、何らかの「意味」を持ったもの、が描かれているのが普通です。一個のリンゴは、言葉とは違って詳細な説明をしてくれるわけではありませんが、私たちはやはり何らかの「意味」を受け取ります。

では、音楽の場合はどうでしょう。素材となっている「音」自体に「意味」はあるのでしょうか。

歌詞のある音楽の場合、歌詞は（たいていは）言葉ですから、「意味」を持っていることになります。しかし、歌詞を取り除いて楽器だけで演奏したものを聴いて、歌詞が意味していた内容を音だけの音楽から聴き取ることができるかといえば、そもそも歌詞を知らなかった場合は、おそらく無理でしょう。また、替え歌のように、歌詞を別のものに置き換えると、音楽は「新しい意味」を持つことになります。そう考えると、どうやら「音」自体には「（言葉が持っているような）意味」はなさそうだ、ということがわかります。

にもかかわらず、私たちは、歌詞のない音だけの音楽を聴いたときにも、「明るい」音楽だと感じたり、「暗い」音楽だという印象を持つことがあります。ほかにも、「熱い」「冷たい」のように温度を感じたり、「楽しい」「悲しい」、または「怒り」のように、人の感情のようなものを受け取ることもあります。

それは一体、なぜなのでしょうか。

「長調」「短調」という言い方を、どこかで耳にしたことがあるでしょう。これは、17世紀頃にヨーロッパで確立した音の体系の概念で、その後のクラシック音楽だけではなく、現在世界中で聴かれている多くのポピュラー音楽にも存在するものです。

長調と短調はそれぞれに異なった「音階」を持っています。音階とは、音楽を作るときに使う「絵の具セット」のようなもので、長調の場合は「ド・レ・ミ・ファ・ソ・ラ・シ」の7音（絵の具なら7色）で構成されており、短調の場合は、長調の音階の「ミ・ラ・シ」の部分をそれぞれ半音低くした「ド・レ・ミ♭・ファ・ソ・ラ♭・シ♭」という構成になっています。長調と短調の音階は、3ヶ所で音が異なっている（3本の絵の具の色が違う）わけですね。このように、長調と短調では基本となる音階（絵の具セット）が異なるので、できあがる音楽の色合いにも違いが出てくるのです（なお本文の曲名の下に書かれている「イ短調」「嬰ハ短調」等の「イ」や「嬰ハ」は、その曲の中で中心的な役割を担っている音名の日本語表記です）。

そして、多くの人は、長調の音楽を「明るい／楽しい」、短調の音楽を「暗い／悲しい」と感じる傾向があります。その理由には諸説あり、なかでも「短調の音階を構成している音が長調に比べて3ヶ所で『低い』→『暗い／悲しい』（短調）という印象につながっている」という説は、なかなかもっともらしいものです。

しかし、多くの民族音楽のように、「長／短調」の体系を持たない音楽も世界には存在します。そしてそこには、別種の音のシステムがあり、別種の音楽の聴き方があるはずです。「長／短調」で作られた音楽を一度も聴いたことがない人が、例えば、短調の音楽を初めて聴くとき、そこに「暗い／悲しい」という印象を持つかどうかはわからないでしょう。

音自体に意味はない。短調が「暗い／悲しい」ことの理由もはっきりとはわからない。けれども現実に、私たちが音楽から「明るい／楽しい」「暗い／悲しい」、そのほかさまざまな「意味」を聴いていることは間違いありません。

そもそも音楽は、見ることも触ることもできないものです。見ることや触ることで認識できる世界について、私たちはたくさんの表現（言葉）を持っていますが、耳から入ってくる「音」自体について使われる語彙《ごい》は、あまり多くはないでしょう。

しかし、人は名付けることで世界を認識する動物です。音楽の多様な魅力についても、さまざまに名付けてやらなければ、音の世界で迷子になってしまいます。だから、「晴れ渡った青空のような音楽だ」とか、「氷のように冷たい旋律だ」などと、視覚や触覚の表現を借用して、音楽について説明しようとするわけです。

そして、音楽と同じく、見たり触ったりできるものではない、人の感情についての表現もまた、たくさん借用されてきました。「短調」という音楽の実体と、「悲しい」という人の心についての表現の間に、長い時間をかけてシナプスを張り巡らし、それを受け継いできた結果として、私たちはいま、短調の音楽を「悲しい」と感じているのです。

とはいえ、長調＝「明るい／楽しい」、短調＝「暗い／悲しい」という図式は、音楽を単純に扱いすぎです。始まりが短調の音楽でも、途中で長調に移行したりまた短調に戻ったり、あるいはそのどちらともつかない部分があったりします。

そして、短調の音楽（基本の調が「短調」だと判定できるもの）では、そのような「調」の行ったり来たりが比較的多い傾向にあります。したがって、短調の音楽は性格が曖昧《あいまい》になりやすい、と言えます。また、基本となる短調の音階は3ヶ所で（長調に比べて）半音低い、と説明しましたが、「ラ・シ」の2ヶ所では半音低くせずに使うこともあります。使える音の数が多ければ、表現のバリエーションも増えます。これもまた、長調に比べて多面的な印象を与える「短調」を形作っているのでしょう。「曖昧だったり多面的だったり」する短調は、「人の複雑な感情のいろいろを投影するのに最適な音楽の形」なのです。

そんな心の複雑なありように寄り添ってくれる、「短調」という色合いで書かれたクラシックの名曲の中から、この本では特に「センチメンタル」を感じさせる曲を選んでみました。「センチメンタル」もまた、人の心の不思議なありようのひとつですね。

そして、短調は「センチメンタル」を美しく映して私たちの心を打ちます。……もちろん、ここに選んだ曲がどなたにとってもセンチメンタルである、ということはないでしょう。けれども、どの曲もそれぞれに個性的な表情で、みなさんの心の奥へと語りかけてくれる素晴らしい音楽であることは、お約束できます。

では、短調の美酒を、どうぞ。

Contents

第1章

あなたを癒す「短調のオーケストラ曲」

ターフェルムジーク第1集より
管弦楽組曲（序曲）ホ短調

作曲 ゲオルク・フィリップ・テレマン（生1681年ドイツ〜没1767）

わかりやすい旋律でバッハより人気だったテレマン

「クラシック音楽の作曲家といえば？」という質問があれば、その答えの上位には、バッハ、モーツァルト、ベートーヴェンの名前が必ず入ってくるでしょう。この3人はみな、ドイツ語圏で活躍した作曲家です。いわゆるところの「クラシック音楽」を構成している古典派とロマン派を見渡してみても、ドイツ音楽の存在感は圧倒的です。

とはいえ、ドイツは昔から音楽が盛んだった（進んでいた）わけではありません。17

世紀前半に起こった長い戦乱の影響もあり、イタリアやフランスに比べてはるかに音楽後進国でした。

そんなドイツ音楽の興隆の立役者は、音楽の質、および後世への影響力からしてやはりバッハ、ということになるでしょうが、18世紀前半のドイツにおいて、作曲家としての人気と影響力は、このテレマンがバッハを凌《しの》ぐ存在でした。

テレマンの音楽は演奏がさほど難しくありません。音楽の作りもすっきりしていて、わかりやすいのも特徴です。市民社会が誕生し、音楽が専門家だけのものから解放されつつあった時代、テレマンの音楽のこういった特徴が、彼の名声のために有利に働いたのでしょう。

食事のBGMとして生まれた音楽

「ターフェルムジーク」とは「食卓音楽」という意味で、本来は貴族が食事をする際に演奏する音楽をいいます。

テレマンの「ターフェルムジーク」は3集あり、管弦楽、室内楽などさまざまな編成のために書かれた複数楽章の曲が6曲ずつ収録されています。第1集の1曲目「管弦楽組曲（序曲から始まることから、全体を指して「序曲」とも言う）」は全8曲からなっており、2本のフルートと弦楽合奏および通奏低音（※）のために書かれています。

垣根は低く、誰にでも入っていける親しみやすさを持ちながら、決して安易ではなく、ほどよい機知と品性を備えた一流の音楽です。作者の実力が本物であることを証明しています。

※通奏低音＝チェンバロやリュートなどの和音を出せる楽器と、チェロなどの低音楽器が担当するパート。

おすすめDISC

『Telemann: Complete Tafelmusik』

ベルダー（指揮）／ムジカ・アムフィオン［Brilliant Classics］

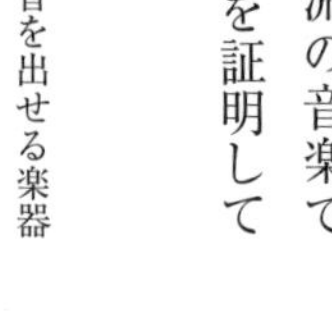

廉価版で全曲というお買い得。2003年の録音で新しく、軽やかな演奏。

壺井のツボ　ここがセンチメンタル！

2本のフルートと弦楽器の掛け合いがあちこち楽しい曲です。3曲目のロンドーなど、かわいらしい主題がコミカルですが、ふと悲しみがよぎることがあります。コインの裏表。

交響曲第40番 ト短調

作曲 ヴォルフガング・アマデウス・モーツァルト（生1756年ドイツ～没1791年オーストリア）

作曲時間に比例しない!?　作品の魅力

夜中に書いたラブレターを朝読み返すと恥ずかしい、とはよく言われます。頭に血が上っているときに書くからですね。

集中して作曲しているときも、作曲家はたいてい頭に血が上っているので、完成した！と思ってすぐに演奏者に楽譜を渡してしまうと困ったことになります。音符の書き間違い（誤字脱字）、構成的につじつまが合っていない（言っていることが最初と最後で違うなど）、そしてなにより生々しい表現（浮わついたセリフ！）が恥ずかしいわけですが、けれどもそれは、自分の中から率直な気持ちを引き出した結果なのであって、ラブレターを書くにせよ作曲をするにせよ、「何かを表現する」上では大切なことです。

では、長い時間を費やして推敲《すいこう》を重ねたラブレターならどうなのかというと、それはそれで、理屈は通っているけど気持ちが伝わらない、結局あなたは何が言いたいのですか？　みたいなことにもなりかねません。しかし、勢いにまかせたアピールよりも、積み重ねた実直さが最終的に勝利するパターンがあるように、作曲でも、完成までに苦節ウン十年、磨き上げられた作品にしか放てない魅力もまたあるのです。

つまるところ、どちらにも長所と短所があるわけで、走ることにも短距離向きの人と長距離向きの人がいるように、自分の資質に合った方法を選択すべきだ、ということになります。

速筆だったモーツァルト

モーツァルトの生きた時代は、作曲家は書き飛ばすように作曲するのが普通でした。

次々と新作を求められる時代だった、ということのほかに、作曲家一人ひとりの「個性」の価値が現在に比べて低かった、ということが関係していると思われますが、いずれにせよ、短距離走が得意でなければ作曲家はつとまらない時代だったと言えるでしょう。この時代までの作曲家は、概して多作です。

全部で41曲あるモーツァルトの交響曲のうち、この「交響曲第40番」を含む最後の3作は「三大交響曲」と呼ばれています。モーツァルトは、この3作を2ヶ月足らずの期間で作曲しました。

ラブレターのたとえでいえば、朝起きて手直しする時間もないほどの期間で書き上げたことになります。にもかかわらず、技術的に付け入る隙《すき》のない完璧さと、数多の人々を魅了し続ける奇跡的な美しさは、どのようにして可能だったのでしょうか。

天才だったから、というのはまあそうでしょうが、同時に、ラブレター＝楽譜を書くときに頭に血が上らず、天才的な口説き文句を「冷静に」書くことができたから、ということだろうと思います。作曲家にはある程度必要な能力ではありますが、モーツァルトの場合、それがずば抜けていたのです。

モーツァルトのト短調

前述のようにモーツァルトは生涯に41曲の交響曲を書いていますが、そのうち短調で書かれたものは25番と、この40番だけです。そして、どちらもト短調で作曲されています。

ある作曲家が特定の調をより好みする（あるいは特定の調で作曲する場合にいつも似通った雰囲気の音楽を書いてしまう）、ということがあります。バッハのロ短調、ベートーヴェンのハ短調、そしてモーツァルトにとってのト短調がそうです。

18世紀までに使われていた調律では、調によって音楽のニュアンスが若干異なるため、作曲家の調の選択にはある程度の意味がありました。しかし、オクターブを均等に12分割する12平均律で演奏される現在では、調の違いそのものに意味はありません。にもかかわらず、「調自体がそれぞれに雰囲気や意味を持っている」ように思われることがあるのは、そういった作曲家たちのこだわりの結果生み出された音楽の雰囲気や意味を、私たちが調そのものに投影してしまっているからなのです。

この「交響曲第40番」では1、3、4楽章がト短調で書かれています。モーツァルトの「ト短調」は「死」のイメージだと言われますが、この曲の随所に現れるデモーニッシュな響きが、大きく影響していると思われます。

ともあれ、モーツァルトの音楽の素晴らしさは、はてしない自由を獲得しているかのような美しく自然な旋律でしょう。加えてこの40番では、そこに見事な対位法の彫刻が施され、圧倒的な存在感でモーツァルトの晩年にそびえ立つ三連峰のひとつとなりました。完全無欠の音楽とはこのことです。

おすすめDISC

『モーツァルト：交響曲第40番、第41番「ジュピター」』

ショルティ（指揮）／
ヨーロッパ室内管弦楽団［Decca］

きびきびしたリズムが心地よいモーツァルト。オケが若々しい。

壺井のツボ　ここがセンチメンタル！

ため息のような、と言われる第1楽章冒頭の旋律からしてとびっきりに美しい!! この旋律、増2度という歌いにくい（耳につく）音程が途中にあるのですが、なぜこうも流麗なのでしょう。

交響曲第7番 第2楽章 イ短調

作曲 ルードヴィヒ・ヴァン・ベートーヴェン（生1770年ドイツ～没1827年オーストリア）

小さなモチーフが連なる魅力

ひとくちに即興演奏といっても、その形態はさまざまです。

現在、最も盛んに即興が行われているのはおそらくジャズの分野ですが、ジャズの即興にはジャズの即興のためのルールがあり､ほかの分野でもそれぞれの流儀があります。共通しているのは、即興とは「すべてがそこで生み出されている」わけではなく、演奏家が自分の音楽の引き出しから素材とアイディアを取り出し、当意即妙にその場で組み立てていくものである、というところです。

即興の常套手段として、小さなモチーフを繰り返して音楽を作っていくやり方があります。五線紙に書きつけていく普通の作曲の場合は、作者には1ページ分の音楽の風景が見えていますが、即興の場合、演奏者の目の前にある風景は常に一瞬です。もちろん先の展開を考えながら演奏するのですが、作曲でいえば、筒を覗いた先の五線紙に音符を並べているようなものであり、なおかつ消しゴムも使わせてもらえない、という感じでしょうか。したがって、ひとかたまりが長い素材を扱うのではなく、短い文章を重ねて韻《いん》を踏むような魅力に訴えるやり方が効果的なのです（もちろん即興の方法はそればかりではありませんが）。

即興演奏の経験は作風にも影響？

ベートーヴェンは、そのキャリアの最初に、優れたピアノの即興演奏で人気を得ていました。ベートーヴェンの音楽の特徴である、小さなモチーフから巨大な構造物を作り出していく驚異的な作曲の技術は、彼の即興演奏家としての経験からきているところもあるのではないかと私は思います。

この「交響曲第7番」の第2楽章でも、4分音符と8分音符の組み合わせからできた小さなリズム音型（タータタ、ターター）を延々と繰り返しながら、音楽は真夏の積乱雲のように成長していきます。

当然、この曲は即興ではなく完全に練り上げられた音楽ですが、見事な音楽というのはしばしば、いままさにそこで、生み出されているかのように聴こえてくるものです。

壷井のツボ　ここがセンチメンタル!

リズムにしろ音型にしろ、何かの要素を繰り返すというのは作曲の基本的な技術です。でもずっと繰り返していると飽きてしまう。適切なタイミングで切り上げるのが大切です。

おすすめDISC

『ベートーヴェン：交響曲第7番、第8番』

アバド（指揮）／ベルリン・フィルハーモニー管弦楽団［ドイツグラモフォン］

すっきりと明快な演奏。最新の研究に基づく新しい録音。

モルダウ　ホ短調

作曲　ベドジフ・スメタナ（**生**1824年チェコ～**没**1884年）

チェコが生んだ大作曲家、スメタナ

スメタナは、チェコ音楽の創始者としての評価を受けている作曲家です。

彼の生きた19世紀のチェコ（当時はボヘミア）では、長らく続いたオーストリアの支配から脱するためのさまざまな抵抗と、民族としてのアイデンティティの模索が始まっていました。

ドイツ語が公用語として使われていた時代にチェコ語によるオペラを作曲し、祖国の歴史や伝説、風物を織り込んだ作品を多く書き残したスメタナは、今もチェコの人々の大きな尊敬を集めています。

「モルダウ」は、6曲からなる連作交響詩『我が祖国』の第2曲です。

ボヘミア地方を流れるヴルタヴァ川（「モルダウ」はそのドイツ語名）をタイトルにしたこの作品の各場面には、さまざまな情景を表す言葉が作曲者自身によって書き込まれています。順に「モルダウの源」「森の狩猟」「農民の踊り」「月の光、水の精の踊り」「聖ヨハネの急流」「モルダウは堂々と流れてゆく」とあり、小さな流れから始まったヴルタヴァ川がボヘミアの風景の中を通って雄大な流れへと至るさまが、音楽によって生き生きと描かれています。

憂いと希望を湛えた名曲

冒頭、細かく動くフルートのフレーズ（小さな水の流れ）が、次第にほかの楽器を巻き込んで大きくなっていく部分（次第に川になっていく描写）に続いて、憂いと希望の入り交じった雄大な旋律が登場します。

そして、この歌謡的な主題（ここの部分は合唱などにもよく編曲されている）を支える弦楽器群の作りが見事です。

冒頭の「小さな水の流れ」の音型を、4つに分けられたパートがそれぞれに違った形で演奏するのですが、それらのパートは積み重なって、ひとつの大きな波になっているのです（楽譜には「常に波立てて」と記してある）。まるで3Dの映像で見るような立体感です。

おすすめDISC

『スメタナ：わが祖国（全曲）』
ドラティ（指揮）／
ロイヤル・コンセルトヘボウ管弦楽団
［Philips］

ドラティ晩年の録音。最高級のオケと、これ以上なく丁寧に作られた音楽。

壺井のツボ　ここがセンチメンタル！

合唱でも有名な冒頭の主要主題は何度か繰り返されますが、そのたびに和音が少しずつ異なって色合いを変化させます。波の揺れは心の揺れでもあるかのようです。

交響曲第7番 第2楽章 嬰ハ短調

作曲 アントン・ブルックナー（**生**1824年オーストリア～**没**1896年）

曲の長さが持ち味、遅咲きの交響曲作家

ブルックナーの音楽は「ちょっと聴く」ということができません。9曲ある交響曲（初期の番号のない曲も含めると11曲）のほとんどで、演奏時間が1時間を超えます。とにかく長い。いつまでたっても終わらない。

けれども覚悟を決めて聴いてみると、そこにはそれだけの「長さ」が可能にする別種の価値観があることに気づくでしょう。初めて北海道を旅行した本州の人が、その広さに「基準が違う」と感じるような、とでも言えばいいでしょうか。ブルックナーの音楽を聴くことはある意味、異文化体験なのです。

ブルックナーは長らく、オーストリアの田舎町で学校の教師と教会のオルガニストをしていました（教会のためにミサ曲や合唱曲なども作曲していた）。

しかし、30代後半になって出会ったワーグナーの新しい音楽に衝撃を受け、一念発起しウィーンへ出て交響曲を書き始めます。現在では主に交響曲作家として知られているブルックナーですが、そのスタートは大変遅いものでした。59歳のときに書き上げた「交響曲第7番」で、ブルックナーはようやく大きな成功を手に入れます。

ワーグナーへの追悼の意も込めた大曲

「交響曲第7番」全体の演奏時間は、やはり1時間を少し超える長さで、中でもこの「第2楽章」は20分以上あります。ぼおっと聴いていると、いまどこにいるのかわからなくなってしまうサイズです。広い場所で迷子にならない秘訣は目印になるものをいくつか覚えておくことですが、この曲を聴くときにもそんなふうに聴いてみるといいかもしれません。

この楽章を作曲中に、ワーグナーが他界します。ワーグナーを尊敬していたブルックナーは、曲の終結部の直前の巨大な盛り上がりのあとに、静かな追悼のコラールを書きました。４本のワーグナー・チューバ（ワーグナーが自作のオペラのために考案したチューバ）とコントラバス・チューバが重々しく、悲痛に鳴り響きます。

壺井のツボ　ここがセンチメンタル！

ブルックナーの音楽には「宇宙的」などの形容詞がよく使われますが、この楽章はむしろ人間っぽく、ワーグナーの死を予期していたブルックナーの心情が伝わってくるかのようです。

おすすめDISC

『ブルックナー：交響曲第7番』
ジュリーニ（指揮）／
ウィーン・フィルハーモニー管弦楽団
［ドイツグラモフォン］

比較的スッキリした表現のブルックナー。適度な重みで聴きやすい。

交響曲第3番　第3楽章 ハ短調

作曲 ヨハネス・ブラームス（生1833年ドイツ～没1897年オーストリア）

目標でありプレッシャーだったベートヴェンの「交響曲」

交響曲を作曲するのは大変です。

まず、オーケストラという編成は楽器の数が多いので（オーケストラ用に作曲されていない交響曲も中にはありますが）、音符をたくさん書かなければいけません。同じ演奏時間でも、ピアノ曲などと比べればページ数はずっとかさばります。当然作曲家の肩こりもひどくなります。

しかし、単純に「オーケストラ曲」を作曲するのではなく「交響曲」を作曲するというとき、多くの場合、作曲家の肩は肩こり以外の理由でさらに重くなってしまうようなのです（ようなのです、と書くのは筆者がまだ交響曲を作曲したことがないからです）。「交響曲の父」と呼ばれるハイドン（1732年生まれ）は104曲もの交響曲を作曲しましたし、モーツァルト（1756年生まれ）も41曲の交響曲を残しています。

しかし、そのあとに登場したベートーヴェン（1770年生まれ）は、たった9曲しか交響曲を作曲しませんでした。けれども、ベートーヴェンはその1曲1曲に、常に新しい挑戦をし続ける態度で取り組んだので、たった9曲の交響曲は際立って個性的な9つの宇宙を形作ることになりました。

これが、ベートーヴェン以降の作曲家たちにとって偉大な目標でありつつ、大きなプレッシャーとなったのです。その後の作曲家たちの残した交響曲の番号が、多くは10番を超えないことがそれをある程度証明しています。

長い年月をかけた最初の交響曲

ブラームスは、ベートーヴェンの没後6年にあたる1833年の生まれです。ブラームスの生きた19世紀のクラシック音楽は、音楽を文学や絵画に関連させる「標題音楽」に多くの作曲家の興味が向いていたロマン派の時代でしたが、同じドイツの先輩作曲家であるベートーヴェン（古典派の作曲家）を大変尊敬していたブラームスは、比較的「古典的」な、構造と形式を重視する作品を書きました。

ブラームスは優れたピアニスト兼作曲家としてデビューしたので、初期の作品にはピアノ曲が多いのですが、その後さまざまな楽器のための作品に取り組む過程で、彼は常に「石橋を叩いて渡る」行動を取りました。

新作として発表する前にはいつも、信頼できる友人に曲を聴かせて意見を仰ぎ、修正を重ねています。また、どうしても気に入らない作品は破棄してしまうこともありました。

ブラームスは1862年に最初の交響曲の作曲にとりかかっています（その7年前の1855年にも交響曲を作曲しようと試みている）。しかし結局「交響曲第1番」を書き上げて発表するのは1876年（その後また修正が加えられて、最終的に完成するのは1877年）でした。

ひとつの曲を完成させるまでに実に15年、数え方によっては20年以上の歳月をかけたことになります。この慎重さは、おおかたブラームスの生来の性格からきているのでしょうが、それに加えて、「交響曲」というジャンルに残したベートーヴェンの偉業に対してあまりに深い敬意を払いすぎたためではないか、と思わざるを得ません。「第1番」を書き上げた翌年、今度はブラームスはたった数ヶ月で「第2番」を書き上げているのですから。十数年ものあいだ、ブラームスの肩にはものすごい重さの「楽聖」が乗っかっていたのでしょう。交響曲を作曲するのは大変、なのです。

飾らないセンチメンタルな旋律

「第2番」から6年後の1883年にブラームスは「第3番」を作曲しますが、やはりこれも数ヶ月で完成させています。さらに肩の力が抜けたのか、先の2曲よりもすっきりとわかりやすい作品になっています。

なかでもこの「第3楽章」は、楽器を替えて何度も繰り返される憂いを帯びた旋律が美しく、ブラームスが生涯にわたって書き続けた歌曲（その数は独唱曲だけでも２００曲前後に上る）の存在を思い起こさせてくれます。

　この楽章では「音を構築していく」ことよりも、旋律を「そのまま聴かせる」ことが優先されています。背景のオーケストレーションも、控えめな装飾が旋律自体の魅力を引き立てます。作曲者本人の、この旋律への溺《でき》愛《あい》ぶりがうかがい知れるところです。

おすすめDISC

『ブラームス：交響曲第1番、第3番』

ヴァント（指揮）／北ドイツ放送交響楽団［RCA］

手堅い表現、「シブい」ブラームス。よけいなもののない美しさ。

壷井のツボ　ここがセンチメンタル！

美しい旋律は何度聴いても美しい！　のは間違いありませんが、背景のオーケストレーションもいい仕事をしています。墨絵のような淡い魅力で旋律を彩ります。

交響曲第6番『悲愴』ロ短調

作曲 ピョートル・チャイコフスキー（生1840年ロシア～没1893年）

ドラマティックで楽器がよく鳴る人気曲

チャイコフスキーの交響曲は、現代の日本のオーケストラの演奏会において、プログラムの「超」定番といっていいでしょう。

とりわけ第4番以降の3つの交響曲は、人気も評価も非常に高いものがあります。親しみやすい旋律、音楽のドラマティックな展開、そして豊かなオーケストラ・サウンド。演奏する側からいっても、どの楽器のパートも技術的に無理なく書かれていて、全体としてもよく響くので演奏していて気持ちがいい。「微妙なバランスに配慮して緻密な演奏をしなければ台無しになってしまう」タイプの曲ではなく、「あまり上手くない大雑把な演奏でもそこそこ聴けてしまう」曲（程度問題ですが）。チャイコフスキーの交響曲は、聴衆にとっても演奏家にとっても大変「おいしい曲」というわけです。

またチャイコフスキーは、西欧流の確かな作曲の技術を身につけ、同時にロシア的な音楽のありようを高い次元で完成させた作曲家でした。人気と実力のどちらから見ても、チャイコフスキーがロシアを代表する作曲家であることには論を待たないでしょう。

技法を凝らした最後の交響曲

そんな「親しみやすさ」と「芸術性」の融合は、チャイコフスキー最後の交響曲となった「第6番『悲愴』」で頂点を極めます。

一度聴いただけですぐに口ずさめるような、輪郭のはっきりした旋律が全編にあふれ、音楽は劇的に展開し、オーケストラはダイナミックに鳴り響きます。また、4つの楽章でできた「交響曲」としての基本の形を維持しながらも、華やかなフィナーレではなく陰鬱なアダージョを終楽章に置くという、当時としては異例の締めくくり方を試みています。

この終楽章の冒頭の、弦楽器で演奏される主題部分を楽譜で見てみると、旋律を構成する音が、ファースト・ヴァイオリンとセカンド・ヴァイオリンに「交互に」割り振られていることがわかります。

当時のオーケストラは、左側にファースト・ヴァイオリン、右側にセカンド・ヴァイオリンが配置されていました。その配置でこの部分を演奏すると、ひとつの旋律の音が左右から「交互に」聴こえてくることになります。チャイコフスキーはここで、ステレオに似た効果を狙っていたわけです。

せつなく、胸を焦がすようなこの楽章の旋律の表情には、旋律以外の要素も大きく作用しています。例えば、冒頭の弦楽器の主題の裏には、木管楽器が演奏する1本のフレーズが横糸のように貫いているのですが、この横糸は弦楽器の旋律に対して、「2度」という音程をあちこちに形成します。この「2度」という音程は、少しぶつかったような響きとして聴こえます。

この音程は緊張感があって不安定なので、より安定した音程へ進もうとする性質を持っています。ここでの2度音程とその動きは「掛留《けいりゅう》」という作曲の技術で作られているのですが、これが、味わいのある陰影を音楽に付け加えているのです。「せつなさ」にもちゃんと仕掛けがある、というわけです。

急逝という出来事が曲に与えたイメージ

「交響曲第6番『悲愴』」の初演の9日後、チャイコフスキーは52歳で急逝します。間をおかず開かれた追悼演奏会でこの作品が再び取り上げられ、大きな反響を呼びました。地の底へ降りていくようなエンディングを持つこの作品の悲劇的な様相と、作曲家の突然の死を、人々が結びつけてしまったとしても仕方のないことかもしれません。「交響曲第6番『悲愴』」はまるで、作曲者自身へのレクイエムのように人々の心に響いたのです。

死因は生水を飲んだことによるコレラとされていましたが、上記のような背景もあって、自殺説が流布し始めます。なかでも、同性愛者であったチャイコフスキーのその性向が公《おおやけ》になることを恐れた者が、彼に自殺を強要したという説は、音楽事典『ニューグローヴ』が1980年に採用したこともあり、一時は世界的に広まりました。

しかしその後、それを覆《くつがえ》す研究がいくつか発表され、現在では、死亡当初発表された「コレラが死因」というところに戻りつつあるようです。

壺井のツボ ここがセンチメンタル！

なんといっても終楽章が絶品。曲の前半で、一条の光が射してきてそれが次第に大きな喜びになったあと、再び深い悲しみの中に落とされる部分の、息の止まるような休符に身震いします。

おすすめDISC

『チャイコフスキー：交響曲第4番、第5番、第6番「悲愴」他』

アバド（指揮）／
ウィーン・フィルハーモニー管弦楽団
［TOWER RECORDS UNIVERSAL］

素材がすばらしければ、凝った調理はいらない、というような演奏。

ソルヴェイグの歌 イ短調

作曲 エドヴァルド・グリーグ（生1843年ノルウェー〜没1907年）

魅力的な素材が決め手のグリーグ作品

繰り返し聴くことでよさがわかってくるタイプの音楽のいいところは、聴くたびに新しい感動や発見があることでしょう。

反対に、一度聴いただけで強烈な印象を残していくタイプの音楽もありますが、作曲家にとっては、そういうタイプの音楽を作ることのほうが難しいものです。これはある種の才能の問題で、それがある人にはあるし、ない人にはない類いのものだからです。

ノルウェーの作曲家・グリーグは、そんな種類の才能を存分に与えられた作曲家です。代表作であるピアノ協奏曲の冒頭の、大見得を切ったピアノの下降音型などは、お笑いでいえば天才的な「出落ち」ということになるでしょうか。

また、グリーグの作品は「キャラが立っている」系のものが多いですが、これは、素材をあまりいじくらずにそのまま並べていくような彼の作曲法がある程度関係していると言えるでしょう。しかしその場合、素材そのものに十分な魅力が備わっていることが必要です。グリーグは「素材で勝負ができる」作曲家なのです。

聴衆を飽きさせない不思議な魅力

同郷の劇作家・イプセンの戯曲『ペール・ギュント』の付随音楽を担当したグリーグは、のちにそこから4曲セットのオーケストラ組曲をふたつ作っています。組曲を構成する4曲はそれぞれに異なったキャラを持っていて、メリハリの効いたコース料理のように聴く人を飽きさせません。なおかつ、はっきりした味付けを好むシェフが調理を担当しているようです。

この「ソルヴェイグの歌」は『ペール・ギュント』第2組曲の終曲です。短い序奏のあとに歌われる旋律は、４小節の中で最初の３小節分しか旋律が動かない（残りの１小節分は音が伸びているだけ）という、俳句の「字足らず」のような作りになっていて、これが不思議な魅力を醸《かも》し出しています。

優しく美しく、そして少し不思議な味のする「ドルチェ」です。

おすすめDISC

『グリーグ：ペール・ギュント 第1・第2組曲 他』

ネーメ・ヤルヴィ（指揮）／
エーテボリ交響楽団［ドイツグラモフォン］

バランスのとれた名演。やかましくならない端正なグリーグ。

壺井のツボ　ここがセンチメンタル！

とても簡素なオーケストレーションで書かれています。旋律は弱音器付きの弦楽器で演奏されるため、くすんだ色合いになっていて「字足らず」の不思議感に大変お似合い。

エニグマ変奏曲（自作主題による変奏曲）ト短調

作曲　エドワード・エルガー（生1857年イギリス～没1934年）

ほぼ独学でイギリスの国民的作曲家に

イギリスが誇る作曲家・エルガーの残した作品には、クラシック音楽の枠を超えて愛されているものがいくつもあります。

「行進曲『威風堂々』第1番」のトリオ部分の旋律はイギリス第2の国歌と言ってもいい存在であり、ヴァイオリンのアンコールピースとして人気の「愛の挨拶」もまた、コンサートホールを離れて広く知られています。

本格的な音楽教育をほとんど受けることのなかったエルガーは、10代後半から30代まで、地方のオーケストラや合唱の指揮、ヴァイオリンの演奏などで生計を立てつつ作曲家を目指していました。

エルガーはあるとき、友人たちの特徴を真似て、ひとつの主題を変奏するという形でピアノを即興演奏してみせます。その後、エルガーはそれをオーケストラ曲に発展させて「自作主題による変奏曲」として発表しました。現在「エニグマ変奏曲」として知られるこの作品は、40代になったエルガーがようやく手にした出世作となりました。

遊び心いっぱいのヒット曲

「エニグマ（ギリシャ語で「謎」の意味）」というタイトルの通り、この曲にはいくつかの「謎」が仕込まれています。そのひとつは、友人たちの特徴を音楽で表現してみせた14の変奏に、それぞれの友人の名前をイニシャルや愛称で記してあるということです。

エルガー自身は種明かしをしませんでしたが、星印が記されているだけの第13変奏を除いて、現在それらが誰を指しているかは判明しています。
　その人たちとは、エルガーの妻、アマチュア音楽家、地方の名士、エルガーが教えていたヴァイオリンの弟子など、エルガーの身近にいた、普通の人々でした。最後の第14変奏は、作曲者自身を表現していると言われています。
　感動的なアダージョ楽章の第9変奏「ニムロッド」は単独で演奏されることも多く、この曲もクラシックの枠を超えて広く知られるエルガーのヒット・チューンのひとつです。

おすすめDISC

『エルガー：エニグマ変奏曲 他』
ショルティ（指揮）／
シカゴ交響楽団 ほか［Polydor］

変奏ごとのメリハリの効いた演奏。
第9変奏も感動的。

壺井のツボ　ここがセンチメンタル！

「謎」にはもうひとつあって、エルガー曰《いわ》く「全曲を通じて別の主題が隠されているが、それは実際には演奏されることはない」。この謎はいまだに解かれていません。

交響曲第3番　第2楽章

嬰ト短調

作曲　ジャン・シベリウス（生1865年フィンランド～没1957年）

フィンランドが誇る巨匠

19世紀の終わり頃、ロシアの支配下にあったフィンランドでは、次第に圧力を強めてくるロシアからの独立を求める気運が高まっていました。

そんな中、留学先のウィーンから帰国したシベリウスは、自国の民族叙事詩『カレワラ』を題材に採《と》った「クレルヴォ交響曲」を発表します。勇壮に鳴り響き、切実な感情に満ちたこの作品に、解放を求めるフィンランドの人々は大きく共鳴しました。

フィンランド楽壇へのデビュー作でもあったこの作品で、若きシベリウスの名は一気に広まります。いまやフィンランドの第2の国歌のような存在となっている「フィンランディア」も、独立運動の一環で行われた演劇の音楽として作曲されたものが元になっています。フィンランドにおいて、シベリウスは音楽界を越えた存在となっていきました。

交響曲第2番を作曲したのち、1904年、39歳になったシベリウスはヘルシンキ郊外の静かな土地に移住します（その住まいは、妻・アイノの名前にちなんで「アイノラ」と呼ばれていました。彼はそのアイノラで、後半生を過ごすことになります）。

インスピレーションはフィンランドの自然から

雄大で力強い表現を駆使したオーケストラ作品でそのキャリアをスタートしたシベリウスでしたが、アイノラで過ごすようになってからの作品には簡潔で軽妙な表現が目立つようになります。

子どもの頃からフィンランドの自然を愛し、森の中を歩いて作曲のインスピレーションを得ることもあったシベリウスに、自然豊かなアイノラの環境は大きく作用したことでしょう。もちろん、作曲家としてのスタイルの進化は音楽的な欲求の結果ではあるのでしょうけれども、交響曲第6番の静謐《せいひつ》な世界や、時間の感覚を忘れさせるような交響詩『タピオラ』など、作品の中にフィンランドの森と湖の風景が映り込んでいるかのようではあります。

60歳を過ぎたあたりから、シベリウスは新作を発表することをほとんどやめてしまいます。その空白の期間に書かれたとみられている交響曲第8番も、内容に納得がいかなかったためか、楽譜は残されていません。

1957年9月、92歳で脳出血に倒れたシベリウスの葬儀は、すでに独立をはたしていたフィンランドの国葬として行われ、何万人もの人々が偉大な祖国の英雄を見送りました。

ヴァイオリンを低音域で使う

交響曲第3番は、シベリウスがアイノラに移って最初に手がけた交響曲です。

初期の堂々たるスタイルは影を潜め、その後のシベリウスにつながる新境地を示した作品になりました。

ハイドンを思わせる軽快な弦楽器のモチーフで始まる第1楽章からして、それまでの雄々しいシベリウスのイメージとは異なります。終楽章の後半に出てくるコラール風の主題も過重な表現になることを避けていて、適度に抑制されたエンディングが作品全体を引き締めています。

緩徐楽章の第2楽章では、民謡風の主題が何度か装飾を変えて繰り返されます。喪失の悲しみのような、けれども大声の嘆きにはならない歌が、淡々と歌われていきます。

この楽章の民謡風の主題は、木管楽器とヴァイオリンによって交互に演奏されます。この中のヴァイオリンで演奏される部分は、常に低音域にとどまっています。高音域で演奏させるオーケストレーションもありえたでしょうが、ヴァイオリンの高音域は明るく開放的に響くため、あえてそうしなかったのだと思われます。

また、この楽章のヴァイオリンパートには弱音器を付ける指示が書き込まれています。弱音器とはその名の通り、本来は音を小さくするために使う道具です。しかし、ヴァイオリンが旋律を演奏するところにはフォルテ記号（大きい音で演奏する指示）も書かれています。
　このふたつの指示は一見矛盾するように思えるかもしれませんが、弱音器で押さえつけながら大きな音を出そうとすると、ヴァイオリンの音色は心の奥底から絞り出すような、真に迫った響きになるのです。

おすすめDISC

『シベリウス：交響曲第3番、第5番』

ベルグルンド（指揮）／ヘルシンキ・フィル［EMI］

3度「シベリウス交響曲全集」を録音しているベルグルンド。2回目のヘルシンキ・フィル版。

壺井のツボ　ここがセンチメンタル！

旋律がシンプルに繰り返されるたびに、彩りを変えていく背景にも注目！　ヴァイオリンが旋律をとる部分で、木管楽器が何度も繰り返し下降するフレーズは泣けます。

交響曲第1番 ト短調

作曲 ヴァシリー・カリンニコフ（生1866年ロシア〜没1901年）

甦ったカリンニコフ

近年、急速に人気が高まった作曲家に、カリンニコフがいます。同郷の重要な作曲家を前後に並べれば、26歳年上にチャイコフスキー、7歳年下にラフマニノフがいるという世代で、19世紀末期のロシアを生きた作曲家です。

カリンニコフは青年時代に貧乏をしたせいで健康を害し、34歳という若さでその生涯を閉じています。そのため、残された作品も多くはありません。生前にいくらかの成功は得ているものの、カリンニコフの作品は死後ほとんど忘れられていました。

純真な少年のような音楽

小説家・ツルゲーネフを尊敬していたカリンニコフは、偉大な文人がその作品にロシアの田園風景と人々の生活を描いたように、自分もまた、故郷の雰囲気を音楽に写しとりたいと考えていました。

結核の療養のためにクリミア半島のヤルタへ移り、病床で書き上げたこの「交響曲第1番」でも、ロシア民謡風のリズムや旋律が随所に聴こえてきます。

カリンニコフの音楽は、先輩のチャイコフスキーに比べればあっさり目の味付けでくどくはなく、悲しみの海に溺れているような後輩ラフマニノフの暗さもありません。

カリンニコフの音楽をたとえて言えば、純真な少年、でしょうか。音楽は思い切りよく展開し、迷いのなさを連想させます。オーケストレーションには凝った装飾がほとんどなく、屈託のないまっすぐな物言いのようです。

半面それは、少々深みが感じられないというような印象にもなり得ます。また、カリンニコフのざっくりした楽器法は、太めのペンで書いた絵のように、やや陰影に乏しい印象も与えるかもしれません。

とはいえ、この第1番を含む2曲の交響曲のリバイバルは、カリンニコフの音楽が振り撒いている底抜けの「ほがらかさ」が、少しばかりの欠点など押しのけて多くの人々の心をつかんだからでしょう。第1楽章の第2主題など、ロシアの平原の上をグライダーで滑空しているかのような心沸き立つ旋律です。

また、神秘的な雰囲気で始まる第2楽章の冒頭など、楽器の扱いにはいささかアイディアが足りませんが、そのあとに登場する旋律の、衒《てら》いのない美しさにやられてしまいます。

おすすめDISC

『Kalinnikov: Symphonies nos 1&2』

クチャル（指揮）／
ウクライナ国立交響楽団［Naxos］

カリンニコフ再評価のきっかけとなった録音。ウクライナ管の実力は十分。

壺井のツボ　ここがセンチメンタル！

第3楽章のスケルツォはすべての点でお見事です。引き締まったフォルム、気の利いた予想外のアイディア、そして中間部の美しいメランコリー。

トマス・タリスの主題による幻想曲 ト短調

作曲 レイフ・ヴォーン＝ウィリアムズ（生1872年イギリス～没1958年）

素朴ながらも斬新な響き

クラシック音楽の20世紀は、爆発的に音楽の語彙《ごい》を拡大していく時代でした。その主流の尺度からすれば、ヴォーン＝ウィリアムズは時代に背を向けた古臭い作曲家ということになるかもしれません。

確かに、彼の音楽の基本的な顔つきは前世紀のロマン派のようです。とはいえ、ヴォーン＝ウィリアムズの音楽に個性がないわけではありません。ヴォーン＝ウィリアムズは、先を争って新しさを求めた同時代の多くの作曲家たちが向かった方向とは別の方向から、新鮮な素材を発掘することに成功した作曲家でした。

故き響きを自分の響きに

イギリスの田園風景にたとえられるヴォーン＝ウィリアムズの音楽の特徴は、イギリス民謡とルネサンス時代の音楽に源《みなもと》をたどることができます。

まず、イギリス民謡からの影響は、旋律に頻出する5音音階的な語り口として表れています（5音音階は、イギリス民謡に限らず日本の民謡にもある特徴）。そして、和声にはルネサンス音楽からの影響があります。ルネサンス音楽の特徴のひとつに「対斜」と呼ばれる音の関係があるのですが、彼はこれを、独自のやり方で自分の和声に応用しました。応用された「ヴォーン＝ウィリアムズの和声」は、一見素朴ながら斬新な響きをしています。

「個性的」な音楽は、必ずしも「新しそう」に見える方向に進まなければ獲得できないものではない、ということをヴォーン＝ウィリアムズは教えてくれます。

この「トマス・タリスの主題による幻想曲」は、巧妙なバランスで配置・配分された3群の弦楽器のために書かれています。ここでも、ヴォーン＝ウィリアムズはルネサンス時代のイギリスの作曲家・タリスの旋律を用い、イメージを自由に飛翔させています。

冒頭2小節の序奏の和音からして、ヴォーン＝ウィリアムズの響きがします。遠くルネサンスへの憧憬が現代に谺《こだま》する、いぶし銀のファンタジーです。

おすすめDISC

『グリーンスリーヴス幻想曲〜ヴォーン・ウィリアムズ:作品集』

マリナー（指揮）／アカデミー・オブ・セント・マーティン・イン・ザ・フィールズ［Decca］

誠実な音楽には誠実な演奏。不思議な憧憬のアルバム。

壺井のツボ　ここがセンチメンタル!

3群の弦楽器の内訳は、ソリストのグループ、各パートふたりずつのグループ、弦楽オーケストラのグループの3つです。これらが作り出す音色と音量のコントラストも楽しめます。

交響曲第2番 ホ短調

作曲 セルゲイ・ラフマニノフ（生1873年ロシア〜没1943年アメリカ）

新しい土地での苦労、そして成功

「ピアノ協奏曲第2番」の成功でスランプを脱したラフマニノフは（100ページ〜参照）、翌年に結婚、長女も誕生し、幸せの中で再び充実した創作活動に入っていきました。

しかし、時代は大きな変化を迎えます。1905年の第1次ロシア革命のあと、混乱するロシアを避けて、ラフマニノフはドイツのドレスデンに移住します。新しい土地での生活にはなかなか慣れることができず、祖国からの不穏なニュースに彼は胸を騒がせる日々でした。

それでもラフマニノフの創作活動は衰えませんでした。1907年、一度は作曲に取りかかっていながら中断していた交響曲を書き上げます。
「交響曲第2番」は1908年の1月、サンクトペテルブルグとモスクワで初演され、大成功を収めました。この作品でラフマニノフは2度目となるグリンカ賞を受賞しています。

美しい旋律がちりばめられた大作

全4楽章、演奏時間は55分を超す大作です。その長さから、かつては「短縮版（ラフマニノフが作ったものではない）」で演奏されることもありました。確かに冗長に感じられる部分もないことはないのですが、それも含めて、それだけの時間を体験するだけの価値ある作品です。

オーケストレーションの技術もさえています。クラリネットの旋律が美しい第3楽章では、それを支える弦楽器のパートが最大で10のパートに分けられ、繊細に織り込まれた織物のようなハーモニーを作っています。和音の構造だけを考えれば、もう少し少ないパート数でも十分なのですが。解像度の高いディスプレイでグラデーションを見ているような贅沢さです。
　全編に流れる美しい旋律とハーモニー、それらがとびっきりの丁寧な仕事で仕上げられた、一級品の交響曲です。

おすすめDISC

『ラフマニノフ：交響曲第２番、交響詩「死の島」』

アシュケナージ（指揮）／
ロイヤル・コンセルトヘボウ管弦楽団［Decca］

多すぎも少なすぎもしない適切な量の砂糖が料理をおいしくする。音楽も同じ。

壷井のツボ　ここがセンチメンタル！

第3楽章、前半クラリネットで演奏された旋律が再現部ではヴァイオリンで演奏され、その背景に冒頭のテーマがさまざまな管楽器で雲のようにわき上がってくるシーン。

交響曲第6番 変ホ短調

作曲 セルゲイ・プロコフィエフ（生1891年ロシア〜没1953年）

人を惹きつける、多彩な表現

鋭く野蛮なリズム、不協和音、ブルブルとエンジンを震わせて進む重機のような独特の力強さ。それと反対に、叙情的な旋律とユーモア、チャーミングと言ってもいい表情が同居しているところに、プロコフィエフの音楽の魅力があります。

1908年、弱冠17歳のプロコフィエフは先鋭的な音楽でデビューし、ロシア音楽界の「アンファン・テリブル（恐るべき子ども）」と呼ばれました。

1917年のロシア革命のあと、アメリカ、次いでフランスへ渡り、国際的な作曲家として活躍していきますが、最後には「ソビエト」となっていた故郷ロシアへ戻ります。

プロコフィエフの人生は、（おそらくソビエトに戻ったことも含めて）自分の音楽を受け入れてくれる場所を求め続けた旅、でした。

プロコフィエフの音楽は、アバンギャルドを強く指向しながらも、抜きがたい「優しさ」を抱えているように私には聴こえます。ときにそれは、いいとこの坊っちゃんが不良を気取っているような痛々しさに思えてくることもあります。プロコフィエフの、音楽的な意味でのアイデンティティの希求が、実に人間的なアンビバレンスを連想させる音楽を生み出したのです。

響きは暗いが飽きさせない曲

この「交響曲第6番」は、プロコフィエフのソビエト帰国後に書かれた作品です。オーケストラにとって比較的響きにくい変ホ短調という調設定のせいもあって暗く重い印象の作品ですが、魅力的な旋律と変化に富んだ展開で飽きさせない晩年の傑作です。

自ら望んで帰国したソビエトは、次第にプロコフィエフから音楽の自由を奪いました。

ヨーロッパ時代の作品に比べれば「交響曲第6番」はずっと穏健な音楽ではあります。それでも時折、かつての「不良ファッション」が、彼自身抗《あらが》いようもなく露見するところに、私は作曲家というものの業《ごう》を見る思いがします。

もしも晩年のプロコフィエフに会うことができたなら、こう声をかけてやりたいものです。

「セルゲイ！　キマってるぜ！」

おすすめDISC

『Prokofiev: 7 Symphonies, Lieutenant Kijé』

小澤征爾（指揮）／
ベルリン・フィルハーモニー管弦楽団
［ドイツグラモフォン］

大げさにならない、節度ある演奏。全集としての価値も十分。

壷井のツボ　ここがセンチメンタル！

第1楽章の第2主題（オーボエで始まる息の長い旋律の部分）の、荒涼とした中に少しだけ垣間見える光が、悲しみをより深くしています。何かを悔いているかのような。

交響曲第5番 ニ短調

作曲 ドミトリ・ショスタコーヴィチ（生1906年ロシア〜没1975年）

ソビエト期待の作曲家として

ソビエトの時代、芸術家たちは「人民を社会主義的に教育する作品」を求められました。いわゆる「社会主義リアリズム」の名のもとに始まった、「芸術の社会的意義」を芸術家に要請するという考え方は、スターリンの独裁体制が強固なものとなる1930年代、それに従わない者への粛正にまで進みます。

作曲家は「形式においては民族的、内容においては社会主義的」な音楽を書くこととされました。結果的に、「わかりやすい標題や歌詞がついていて、民謡なども引用されたりし、最後には明るく勝利する」といった、お決まりのパターンの作品が量産されていくことになります。そこに、作曲家たちの新しい芸術的試みが入り込む余地はほとんどありませんでした。

1925年（芸術の中にまだ「自由」が認められていた時期）、19歳のショスタコーヴィチはレニングラード音楽院の卒業作品として作曲した交響曲第1番で華々しくデビューしました。

その作品はすぐに西側諸国でも紹介され、ショスタコーヴィチは「現代のモーツァルト」と評されます。その後も次々と話題作を発表し、革命10周年を記念する作品を委嘱されるなど当局の覚えもよかったショスタコーヴィチは、まさに「世界初の社会主義国」ソビエトが生んだ期待の星でした。

ソビエトで作曲するということ

しかし、1936年、ソビエトの機関紙『プラウダ』に「音楽のかわりの荒唐無稽」と題した社説が掲載されます。それは、ショスタコーヴィチの発表したオペラ『ムツェンスク郡のマクベス夫人』を強烈に批判するものでした。独自のモダニズムの道を模索していたショスタコーヴィチは、方向転換を余儀なくされます。

ショスタコーヴィチは当局の批判に応える作品を書かねばなりませんでした。その後、彼の音楽仲間にも、いわれなき嫌疑で逮捕され闇に消されていく者が出始めます（そんな中書かれた交響曲第4番は、リハーサルまで行われたにもかかわらず、発表することで危険が迫ると感じた作曲者自身により取り下げられています）。

恐怖の始まりから1年、ショスタコーヴィチは「交響曲第5番」を書き上げます。ミッションは大成功でした。伝統的な、理解しやすい形式で書かれながら、同時に「社会主義リアリズム」の枷《かせ》を突き破る強烈な魅力にあふれたこの作品で、ショスタコーヴィチはソビエトでの自らの名誉を回復し、なおかつ世界的な交響曲作家としても認められていくことになるのです。

したたかに生きたショスタコーヴィチの傑作

この「交響曲第5番」は4つの楽章からできています。暗く、ドラマティックな展開の第1楽章、スキップするようなリズムが印象的なスケルツォの第2楽章、深い悲しみの中から木管楽器が痛切な歌を歌う第3楽章、力強い決意がみなぎるマーチで始まり、最後には明るい勝利で締めくくられる第4楽章。

なかでも、「3日間で作曲した」といわれる第3楽章には、繊細な悲しみから張り裂けんばかりの激情まで、振り幅の広い表現が見事にまとめられています。

ソビエト当局にとっても「社会主義リアリズムの大成果」と誇れる作品となったわけですが、第4楽章に描かれた「明るく力強い勝利」については、実はさまざまな議論があります。

ショスタコーヴィチはこの楽章について、「この作品の中心に私が見据えたのはさまざまな苦しみを背負った人間であり、最終楽章はそれらを肯定的で楽観的な構想に溶かし込んでいる」と、新聞のインタビュー記事で語っています。

しかし、作曲者の没後、1979年にアメリカで出版された『ショスタコーヴィチの証言』の中で彼は、「あの歓喜は強いられ、脅かされて書かれたものであり、鞭《むち》打たれながら喜ぶことを強要されて喜ぼうとしているようなものだ」と語っているのです。

晩年の作曲者にインタビューをしてそれをまとめた『ショスタコーヴィチの証言』という本自体は、残念なことにその成立過程に疑惑があり信憑《しんぴょう》性を疑われているのですが、ソビエト崩壊後に出てきたさまざまな情報などから、ショスタコーヴィチがいろいろな場面で表と裏を使い分けていたこともまた確かなようです。

作曲者が本当はどう考えていたのか……ともあれ、その意味よりも、すばらしい「音楽」にまずは耳を傾けたいと思わせる傑作です。

おすすめDISC

『ショスタコーヴィチ：交響曲第5番』

ロストロポーヴィチ（指揮）／ナショナル交響楽団［Teldec］

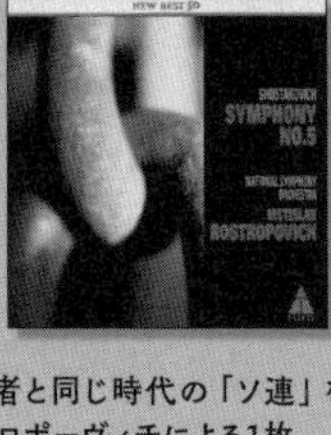

作曲者と同じ時代の「ソ連」を知るロストロポーヴィチによる1枚。

壺井のツボ　ここがセンチメンタル！

第3楽章中盤の、木管楽器が次々と交替しながら出てくるモノローグの場面。張りつめた寂しさ、冷たさの中に、押し殺された情熱がひたひたと伝わってきます。

弦楽のためのアダージョ　変ロ短調

作曲　サミュエル・バーバー（生1910年アメリカ～没1981年）

20世紀に叙情を奏でる

現代アメリカがクラシック音楽の歴史に付け加えた功績を挙げるならば、ケージの偶然性の音楽とライヒに代表されるミニマル・ミュージック、ということになるでしょうが、それとは別に、後期ロマン派の様式を20世紀に引き継ぎ、叙情的な音楽を書き続けた作曲家に、バーバーがいます。

バーバーの代表作であるこの「弦楽のためのアダージョ」は、もともと弦楽四重奏のために書かれていたものを作曲者本人が弦楽オーケストラ用に編曲したものです。

沈痛な感情にあふれたこの曲は、映画「プラトーン」のBGMに使われるなどして、一般にも広く知られています。

白っぽい譜面の意図

楽譜は、音がたくさんあって細かく駆けまわる曲ほど見た目が黒っぽくなります。音価の長い音符を白抜きの玉（符頭）で書き、短い音符を黒塗りの玉で書くからです。さらに、より短い音符には旗（符尾）が付いたり、幅のある横棒（連桁《れんこう》）でいくつかの音符が束ねられたりするので、譜面《ふづら》はどんどん黒くなっていきます。

この「弦楽のためのアダージョ」は、現代の音楽の楽譜としては白っぽい部類に入るでしょう。この曲の拍子は、2分音符（白抜きの玉に縦棒）を1拍の単位にした2分の4拍子で書かれています。これを、4分音符（黒塗りの玉に縦棒）を1拍の単位にした4分の4拍子で書けば、譜面はもう少し黒くなったはずですが、バーバーはあえて白っぽくなる拍子を選んだのではないかと思われます。

拍子の分母は、現代に近づくほど、より短い音価の音符を採用する傾向にあります。

現在では4分音符がほぼ標準と考えていいでしょう。結果的に、この曲の白っぽい譜面は現代の演奏家たちに「実際以上にゆっくりした」印象を与えることになります。

悲しみに深く沈むあまりそのまま止まってしまいそうになるこの曲の演出に、作曲家のこんなトリックも一役買っていることは間違いありません。

おすすめDISC

『イタリア合奏団・プロムナード・コンサート』

イタリア合奏団［Denon］

重くなりがちなこの曲も、小編成の弦オケで透明感あるアンコールピースに。

壺井のツボ　ここがセンチメンタル！

中間部で、コントラバスを除く全パートがそれぞれの最高音域まで上りつめ、輝きながら終止するところがこの曲のハイライト。それが途切れたあとの一瞬の空白も美しい。

シンプル・シンフォニー ニ短調

作曲 ベンジャミン・ブリテン（生1913年イギリス〜没1976年）

イギリス音楽界の功労者

ブリテンは、エルガーによって始まったイギリス音楽の復興以降、最も才能にあふれ、広くイギリス音楽を世界に知らしめた作曲家です。『ピーター・グライムズ』を筆頭に10作を超えるオペラを残し、オーケストラ、室内楽、声楽ほかさまざまな分野に重要な仕事をしています。

また、ブリテンの興味は作曲家の社会的な役割にも向けられ、子どもやアマチュアの音楽家が参加可能な合唱曲やオペラなどを数多く手がけました。啓蒙的な作品として、オーケストラの各楽器を順に紹介していくオーケストラ曲「青少年のための管弦楽入門」

は、今日でもファミリーコンサートの貴重なレパートリーになっています。

考え抜かれたシンプルさ

この「シンプル・シンフォニー」は、ブリテンが音楽学校を卒業する直前の1934年に作曲された、4楽章からなる弦楽オーケストラのための作品です。あえて、少年時代に作曲したピアノ曲から素材を採って作曲されています。

とはいえ、機知に富んだ処理が随所に施され、必要最低限の音を鮮やかな筆致で並べた見通しのよいスコアからは、20歳そこそこのブリテンが、すでに並外れた作曲の技術を持っていたことがわかります。未熟な頃の自作主題を使うという枷《かせ》を自らにはめながら存分に腕を振るった、見事な作品です。

各楽章にはそれぞれタイトルがついています。第3楽章は「センチメンタル・サラバンド」というタイトルですが、冒頭の主題も単純で一見「センチメンタルを名乗るにはまだまだ人生経験が足らないぞ」と突っ込みたくなるような平明さではあります。

にもかかわらず、気づいたら引き込まれているこの曲のかっこよさの裏には、ブリテンの切れ味鋭い作曲の技術があります。ただ、その努力の跡は見せない。青年の、スタイリッシュなセンチメントです。

壷井のツボ

ここがセンチメンタル!

関西弁で言う「シュッとした」音楽です。かっこいいんですね。泣いているときも顔が崩れたりしない。もちろん鼻水なんて出ない。ブリテンは（音楽的に）イケメンです。

おすすめDISC

『ブリテン：シンプル・シンフォニー』

カメラータ・ベルン［Denon］

少人数のアンサンブルならではのシャープな線が、ブリテンをモダンに描く1枚。

「短調」と「悲しみ」の間の、長い長いラリー

ある曲を聴くと昔の恋人とのデートを思い出してしまう、なんてことありますよね。これは、特定の状況下でその音楽をいつも聴いていたために、本来は関係のないはずの両者が結びついてしまっているからです。刷り込みというやつです。

短調の音楽に「暗い／悲しい」という印象を持つのも同じようなものです。ただ、個人的な記憶の中での結びつきではなく、多くの人に共有されている感覚である、というところが違います。

加えて、先ほどのデートの例で、もしもその音楽を自分でかけていたのなら、刷り込みは偶然の結果ではないことになるでしょう。短調と「暗い／悲しい」との関係も、両者がなぜ選ばれたのかははっきりとはわかりませんが、それはたまたま悲しい場面で短調の音楽がかかっていたから、というわけではないのです。

「短調」が誕生するのは、おおよそ1600年頃から始まるバロック時代です（正確には「調」という概念が成立したのがバロック時代、ということであって、「暗い／悲しい」という印象の音楽への投影自体は、もう少し前の時代までさかのぼることができます）。

バロック時代に、オペラが成立しました。舞台と音楽の融合したオペラでは、人間の感情が劇的に表現されます。そして、悲しい場面で歌われる歌や音楽は、しばしば短調で書かれました。中でも、不協和な響きのする「減音程」という音程が、悲痛の表現として頻繁に使われるようになります。

古典派、ロマン派と時代が進んでも、「暗い／悲しい」という基本的な性格は受け継がれていきました。例えばロマン派の音楽には、長調の主和音（調の中心となる和音）から短調の主和音へ継ぎ目なしに和音をつなぐという手法があります。これは､不安がよぎって顔色が曇るような、とても繊細な表現ですが、ここでも短調（の主和音）は「曇る」方の役割をしています。

近代以降、クラシック音楽は次第に長・短調のシステムから離れてゆき、代わってポピュラー音楽がそれを引き継ぎますが、現在でも、悲しみを歌うバラードはやはり短調で歌われているのです。

悲しい場面で短調を使う→人は短調に「悲しみ」を連想するようになる→作曲家はそれを利用して悲しい場面でまた短調を使う→人は短調自体から「悲しみ」を意味として受け取るようになる→作曲家はさらにそれを利用して……。

「短調」と「悲しみ」の間には、数百年に渡る、長い長いラリーがあったのです。

第2章

あなたを癒す
「短調の協奏曲」

合奏協奏曲第8番（クリスマス協奏曲）ト短調

作曲 アルカンジェロ・コレッリ（生1653年イタリア～没1713年）

「調」が確立したバロック時代

音楽史の区分では、1600年ごろから1750年あたりまでを「バロック時代」と呼んでいます。この時代は、実に多岐にわたる音楽上の発明、試みがありました。これ以降の時代の音楽の礎の多くが、この時代に形作られていると言えるでしょう。

まず、オペラが登場し、音楽はドラマ性を強く指向し始めます。また、ルネサンス時代（バロック時代のひとつ前の時代）には声楽が音楽の主流でしたが、バロック時代になると器楽が、その運動性を活かして「音楽でやれること」の範囲を一気に広げていきます。

そして、クラシック音楽のみならず、現在の世界中のポピュラー音楽のほとんどを含めた、一般的な音楽に見られる「調」という概念もこの時代に確立しています。そんなバロック時代の音楽の中心地は、イタリアでした。

合奏協奏曲の人気作

この時代にさかんに作曲された演奏形態のひとつに「合奏協奏曲（コンチェルト・グロッソ）」があります。複数の独奏楽器のグループ（コンチェルティーノ）と、合奏のグループ（リピエーノ）からなり、そのふたつのグループが音量のコントラストを作り出す、というところが特徴で、大と小、明と暗といった、はっきりした表現を求めたバロック時代の音楽を象徴しています。

この、合奏協奏曲というスタイルの形成に大きな貢献をしたのが、イタリアの作曲家・

コレッリです。残された作品は多くはありませんが、のちに、同国のヴィヴァルディや、ヘンデルやバッハといったバロックを代表する作曲家たちに大きな影響を与えました。

　コレッリの合奏協奏曲は全部で12曲あり、なかでもこの第8番は「クリスマス協奏曲」の名で親しまれる人気作です。

　一言で言うと、コレッリの音楽は上品です。中庸の美を極めたような彼の音楽は、劇的な表現が好まれたバロック時代にあって、金に勝る、銀の麗しさです。

壷井のツボ　ここがセンチメンタル!

終曲は、シチリアーノのスタイルで書かれた「パストラーレ」です。愛称の由来は、パストラーレ（田園風）→羊飼い→クリスマスに羊飼いたちがシチリアーノを演奏する習慣→「クリスマス協奏曲」。

おすすめDISC

『Corelli
12 Concerti Grossi Op.6』
ピノック（指揮）／
イングリッシュ・コンサート［ドイツグラモフォン］

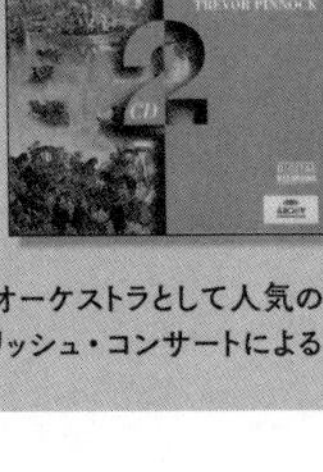

古楽オーケストラとして人気の高いイングリッシュ・コンサートによる名盤。

2つのヴァイオリンのための協奏曲 BWV1043 ニ短調

作曲 ヨハン・ゼバスティアン・バッハ（生1685年ドイツ～没1750年）

非凡で多忙な作曲家、バッハ

かつてドイツに、「バッハ」の姓を持つ音楽家一族がありました。その一族は、16世紀後半から19世紀初頭までのおよそ300年近くにわたって、有能な音楽家を排出し続けるというほかに類を見ない家系でした。

その中で、最も傑出した音楽家であり、クラシック音楽史上最大の作曲家と言っていい人物が、ヨハン・ゼバスティアン・バッハ（以下バッハ）です。

バッハの生きた18世紀前半のドイツでは、音楽家の仕事は主に、宮廷や教会に仕えて各種行事の折りに音楽を演奏し、そのための作曲をすることでした。音楽家という特殊技能者として宮廷や教会に雇われていた彼らにとって、音楽の技術は親から子へと受け継がれていくものであり、バッハもまた、名門「バッハ一族」の出身として幼少期から音楽教育を受け、生涯にいくつかの宮廷と教会を渡り歩きました。

バッハは、優れたオルガニストであり、ヴァイオリンやヴィオラも弾き、各地の宮廷や教会で楽団をまとめる音楽監督でした。そしてもちろん、さまざまな場で求められる音楽を用意する作曲家であったわけですが、伝えられる資料から見えてくるのは、バッハの驚異的な仕事ぶりです。

例えば、ライプツィヒで教会学校のカントル（音楽、ラテン語ほかの教師）兼ライプツィヒ市の音楽監督だった時期、バッハは毎週日曜にやってくる礼拝のための音楽として新作のカンタータをほぼ毎週1曲、作曲しています。カンタータを毎週1曲作曲するというだけでも大変なことですが、バッハはそれを、カントル兼音楽監督が抱える山のような仕事の中でこなしていたのでした。

そんなことをしていると普通は仕事が荒れるものです。にもかかわらず、この時期に作曲された作品にあっても、バッハの仕事の緻密さ、密度、そして完成度の高さは見事と言うほかありません。

ストイックすぎて、一般の受けはいまいち

しかし、生前のバッハの作曲家としての評価は、同じ時期に活躍したテレマンやヘンデルといった作曲家たちに比べて、いくぶん低かったようです。

バッハは、同時代の音楽のさまざまな様式に興味を持ち、研究に余念がありませんでしたが、同時に過去の時代の音楽にも目を向け、ルネサンス時代に隆盛を極めたポリフォニー（※）の書法を、自らの様式に取り込んで発展させました。

けれども、バロック時代後期というバッハの生きた時代には、ポリフォニーはもはや古臭いものとして退けられつつありました。また、ポリフォニーを駆使して書かれた音楽は、その性格上どうしても複雑な印象を与えてしまう、ということもあります。より

時代にマッチした様式で、平易に聴こえる音楽を書くほかの作曲家たちのほうが一般の受けはよかった、というわけです。

しかしながら、一切の妥協を許さないバッハの音楽は、人智を超えた世界を内包しているかのような深みを湛え、汲み尽くせない音楽の魅力の源泉として、今日までの音楽に圧倒的な影響力を持って存在し続けることになったのです。

独奏と合奏のコントラストの妙

この「2つのヴァイオリンのための協奏曲」は、バッハが30代前半に務めていたケーテンの宮廷楽長時代に作曲されたと考えられています。

ケーテンの領主が信仰するカルヴァン派は、教会での礼拝に賛美歌以外の音楽を用いなかったため、この時期のバッハには教会用の音楽を作曲する必要がほとんどありませんでした。そのため、この「2つのヴァイオリンのための協奏曲」のような非宗教音楽の多くが、このケーテン時代に作曲されています。

この作品は、２つの独奏ヴァイオリンと弦楽合奏、および通奏低音（チェンバロなど）のために書かれています。この時代の協奏曲は、ロマン派の協奏曲のような独奏楽器の華々しい活躍がポイントではなく、独奏と合奏の音量のコントラストに意味があります。

２つの独奏ヴァイオリンのパートは、まるで蔦《つた》が絡み合うように、それぞれのパートが上になったり下になったりしつつ進んでいきます。

それぞれのパートの主張を聴くのも楽しいですが、２つのラインが絡み合っている部分そのものもまた、美しいものです。

※ポリフォニー＝156ページを参照。

おすすめDISC

『J.S.バッハ：ヴァイオリン協奏曲集 第1番、第2番、2つのヴァイオリンのための協奏曲』

ファン・ダール（ヴァイオリン）／
クイケン（指揮）／
ラ・プティット・バンド［ハルモニア・ムンディ］

古楽器の第一人者・クイケンと古楽器オーケストラによる軽やかなバッハ。

壺井のツボ　ここがセンチメンタル！

こういうポリフォニックな音楽は、楽譜を眺めながら聴くと、より面白さが広がります。楽譜がまったく読めなくても大丈夫。いろんなところがそれぞれに動いている、というイメージができるのです。

ピアノ協奏曲第23番 第2楽章 嬰へ短調

作曲 ヴォルフガング・アマデウス・モーツァルト（生1756年ドイツ～没1791年オーストリア）

ピアノ独奏は演奏会の目玉

5歳の頃から父親に連れられてヨーロッパ中を演奏旅行してまわったのち、生まれ故郷のザルツブルクで宮廷お抱えの音楽家として働き始めるモーツァルトですが、その後、よりレベルの高い音楽環境を求めてウィーンへと旅立ちます。

音楽家が宮廷や教会に所属しそこから給料をもらって生活していた時代、無職となったモーツァルトはウィーンで新しい勤め口を探しますが、なかなか思うようにいきません。しかし、封建社会の終焉《しゅうえん》の足音が聞こえ始めるこの頃、音楽の需要は宮廷や教会以外の場所にも発生し始めていました。

現在の演奏会は、チケットを買い、指定された日時にコンサートホールへ行って音楽を聴く、というのが一般的です。しかし、この時期に広まりつつあった「予約演奏会」と呼ばれる演奏会の場合、まずは新聞などに予告が出され、規定の人数が集まったら開催する、というものでした。

フリーの作曲家兼ピアニストとして名声を得るようになったモーツァルトも、たびたび予約演奏会を開いています。モーツァルト自身が独奏パートを弾くピアノ協奏曲は、そういった演奏会での目玉商品のひとつでした。

胸がしめつけられるような旋律

この「ピアノ協奏曲第23番」の第2楽章は、モーツァルトには珍しく、かなり悲痛な音楽です。シチリアーノと呼ばれるスタイルで書かれた緩徐楽章です。

ピアノだけで演奏される冒頭の主題のあと、2小節分の長さのフレーズがクラリネット、ファゴット、フルート、再びファゴット、クラリネットの順に演奏される部分があります（一部にヴァイオリンが重なる）。

ひとつのフレーズが終わらないうちに次の楽器が演奏を始めて、重なりながら受け継がれていくこの印象的な部分は、打ち寄せる悲しみの波に洗われるようなせつなさです。あるいは悲しみの走馬灯、でしょうか。

壺井のツボ　ここがセンチメンタル！

次々に楽器が重なっていく部分、チャイコフスキーの交響曲第６番『悲愴』の項でも書いたように、掛留という作曲の技術とその結果発生する2度音程がいい味を出しています。ある種の万能調味料です。

おすすめDISC

『モーツァルト：ピアノ協奏曲　第12番、第21番、第23番』

ファジル・サイ（ピアノ）／
グリフィス（指揮）／
チューリヒ室内管弦楽団［avex-CLASSICS］

ピアノもオケもハツラツ、ケレン味のない爽快なモーツァルト。

ヴァイオリン協奏曲 ホ短調

作曲　フェリックス・メンデルスゾーン（生1809年ドイツ〜没1847年）

恵まれた環境で育まれた才能

神童と呼ばれた作曲家は歴史上何人もいますが、彼らがその後、どんなに偉大な作曲家になったとしても神童時代はやっぱり子どもであって、本人に備わった天賦《てんぷ》の才以上に家庭環境が大切です。

10代前半のうちに13曲もの（弦楽オーケストラのための）交響曲を書いていたメンデルスゾーンの場合も、両親によって惜しみなく与えられた豊かな文化的環境がありました。

メンデルスゾーン家では、音楽や演劇、詩の朗読などのコンサートが各界の著名人を招いて定期的に催されていました。また、メンデルスゾーン少年は文豪ゲーテとも交流があり、その芸術観に大きな影響を受けています。

バッハの「マタイ受難曲」の復活上演（当時、バッハの作品はほとんど忘却されていた）という音楽史的に極めて重要な演奏会をわずか20歳で実現するのも、幅広い教養を若くして身につけることができたメンデルスゾーンならではの偉業、と言えるかもしれません。

絶大な人気を誇る、通称「メンコン」

この「ヴァイオリン協奏曲」は、メンデルスゾーンの晩年（といっても30代半ば）の作品です。数あるヴァイオリン協奏曲の中でも指折りの人気曲のひとつです。

モーツァルトやベートーヴェン等の古典派の協奏曲では、通常「オーケストラによる主題の提示」から音楽が始まりますが、メンデルスゾーンは第1楽章の主題の提示を独奏ヴァイオリンで始めるというアイディアを試みています。

全曲を通して独奏ヴァイオリンのパートは技巧的に書かれています。協奏曲に限らず、ヴィルトゥオージティ（※）を追求した音楽はどこかに「こけおどし感」が漂いがちなものですが、メンデルスゾーンの洗練された書法によってこの曲はとても上品に響きます。

ここに彼の「育ちのよさ」を思うのは、とっくに神童ではなくなった「偉大な作曲家」に対してさすがに失礼というものでしょうか。

※ヴィルトゥオージティ＝卓越した演奏家でなければ演奏できないような、華々しくも困難を伴う技術。その名人芸。

おすすめDISC

『メンデルスゾーン&ブラームス：ヴァイオリン協奏曲』

ハーン（ヴァイオリン）／
ウルフ（指揮）／
オスロ・フィルハーモニー管弦楽団
[Sony Classical]

完璧なテクニックとほとばしるパッションが同居する、これ以上ない1枚。

壺井のツボ　ここがセンチメンタル!

曲の冒頭が戻ってくる直前にカデンツァ（ソリストだけが演奏する、協奏曲の見せ場）が置かれるという構成も、この時代としては斬新な試みです。そのあと、なに気なく戻ってくるオーケストラもおしゃれ。

ヴァイオリン協奏曲第5番 イ短調

作曲 アンリ・ヴュータン（生1820年ベルギー～没1881年アルジェリア）

協奏曲の本当の魅力とは

「協奏曲」と名のつく音楽は通常、独奏楽器とオーケストラのふたつの要素から成り立っています。「協奏曲」は「コンチェルト（Concerto）」の訳語で、そのイタリア語は「協力する」という意味の単語からきています。

つまり「協奏曲」とは、独奏楽器が派手に活躍するだけではなく、両者の協力が非常に重要な演奏形態だということです。

協奏曲は、時代によって形態や音楽的な傾向が異なります。バロック時代は、複数の独奏楽器とオーケストラからなる「合奏協奏曲」が盛んでしたが、古典派の時代に入ると、協奏曲の主流は単独の独奏楽器とオーケストラという編成に変わっていきました。

さらに時代が下ってロマン派に入ると、とりわけピアノやヴァイオリンに、驚異的な技術で音楽界をにぎわす演奏家たちが現れます。

なかでも作曲の才のあるものは、その演奏技術を活かすための、極めて技巧的な協奏曲を続々と作曲しました。洪水のような音符、幅広い音域の跳躍やアクロバティックな技法、それらを目にも止まらぬ速さで繰り出すサーカスのような音楽……しかし、そこにスポーツ的な醍醐味はあれど、肝心の音楽自体の魅力に疑問符がつく作品が多いのも否めないところです。

協奏曲の真髄を味わえる曲

ヴュータンもまた、ヴァイオリンのヴィルトゥオーゾ（※）として活躍し、6曲のヴァイオリン協奏曲を残した「ヴィルトゥオーゾ兼作曲家」ではあります。

しかし、この「第5番」を聴けば、その音楽が十分に本物であることはわかるでしょう。全曲を通して聴かれる技巧的なパッセージも十分な説得力を持ち、次の音楽的展開を引き出している場面もあります。

そして、協奏曲の肝《きも》である、独奏楽器とオーケストラとの間の確かな「協力」関係に、凡百の「ヴィルトゥオーゾ兼作曲家」とは一線を画すヴュータンの音楽の水準の高さが表れています。

※ヴィルトゥオーゾ＝卓越した技術を持つ演奏家。

壷井のツボ

ここがセンチメンタル！

言葉をたくさん並べることで何かを言った気になってしまうのに似て、作曲でも音符をたくさん並べて勘違いしてしまうことがあります。怖いことです。自戒を込めて。

おすすめDISC

『ヴュータン：ヴァイオリン協奏曲第4番、第5番』

パールマン（ヴァイオリン）／バレンボイム（指揮）／パリ管弦楽団［ワーナーミュージック・ジャパン］

巨匠・パールマン若き日の録音。超絶技巧を感じさせない音楽性はさすが。

チェロ協奏曲 ホ短調

作曲 エドワード・エルガー（生1857年イギリス～没1934年）

イギリスの作曲家といえばエルガー

クラシック音楽の中で、「イギリス」の存在感が薄いのは否めません。

現在の日本のクラシックの演奏会では、古典派からロマン派にかけての時代の音楽がプログラムの多数を占めています。「クラシック音楽」とはそのあたりの時代の音楽のことだと言ってしまうのは少々乱暴ですが、一般的なイメージとしてはさほど間違いでもないでしょう。そして、クラシック音楽のファンに最も人気のある、そんな「ザ・クラシック」の時代に、イギリスは目立った作曲家を輩出できていないのです。

もっとも、その時代のイギリスの音楽環境が貧困だったわけではありません。18世紀後半にはハイドンやモーツァルトが、その後のロマン派の時代にも多くの作曲家や演奏家がイギリスを訪れており、ロンドンでは当時の先端をゆく音楽が披露され人気を博しています。

そして、19世紀も終わろうとする頃、それまでにしっかりと養分を蓄えていたイギリスの地に久々に咲いた大輪が、エルガーという作曲家でした。

チェロ協奏曲の傑作

この「チェロ協奏曲」は1919年に初演されています。第一次世界大戦の落とした暗い影が、まだまだヨーロッパ中を覆っている時期でした。

作品は4つの楽章からなっていますが、第1、第2楽章は続けて演奏されます。第1楽章の冒頭、独奏チェロが悲痛な面持ちで歌い出す序奏に続いて、ヴィオラに第1主題が現れます。この第1主題は、2拍＋1拍の小さなリズム音型が延々と連なる長い旋律で、独奏チェロ、オーケストラの全奏へと引き継がれていきます。第2主題に入るまでほぼ途切れることがないこのリズム音型が、寂寞《せきばく》たる風景を出現させています。
　この作品を発表した翌年、妻を亡くしたエルガーは急速に創作意欲を失い、その後はいくつかの小さな作品しか残していません。「チェロ協奏曲」はエルガー最後の大作となりました。

おすすめDISC

『エルガー&ウォルトン：チェロ協奏曲』

ヨーヨー・マ（チェロ）／
プレヴィン（指揮）／
ロンドン交響楽団［Sony Classical］

上手い、うまい、ウマい、ヨーヨー・マのチェロがとにかくすばらしい。

壺井のツボ　ここがセンチメンタル！

全曲を通じてオーケストラが抑制的に書かれていることで、音域の低いチェロもオーケストラの音に埋もれることなくよく響きます。チェロ協奏曲屈指の名曲です。

ピアノ協奏曲第2番 ハ短調

作曲 セルゲイ・ラフマニノフ（生1873年ロシア〜没1943年アメリカ）

ぐっと胸に迫る超有名曲

横溢《おういつ》する叙情、深い哀愁、甘く美しい旋律とハーモニー。「ピアノ協奏曲第2番」は、「最後のロマン派」ラフマニノフの真骨頂と言える代表作です。全編に流れる夢見るような旋律は、映画やフィギュアスケートなどさまざまな場面でBGMとしても使われています。もちろん、ピアノ協奏曲としても1、2を争う人気曲であり、優れたピアニストでもあったラフマニノフの華麗なピアノ書法をたっぷりと堪能できるすばらしい作品です。

精神科医との出会いで、挫折から自信を取り戻す

ロシア北西部のノブゴロド州に生まれたラフマニノフは、自然豊かな郊外の村で幼少期を過ごしました。その頃からピアノの演奏に並外れた才能を見せていたようです。

しかし、浪費家であった父のために一家は没落を続け、また両親は不仲であったりと、子ども時代はあまり恵まれたものではありませんでした。

12歳になったラフマニノフは、モスクワ音楽院に入学すると同時に、音楽院のピアノ教師・ズヴェーレフの家で寄宿生活を始めます。同級には作曲家のスクリャービンがいました。また、のちにラフマニノフを高く評価することになるチャイコフスキーと出会ったのもこの頃です。

ここで、ラフマニノフは音楽家としての基礎をしっかりと身につけるのですが、作曲をすることに懐疑的だった師と次第に対立するようになり、住み込みの音楽修業時代は4年ほどで終わります。

モスクワ音楽院を主席で卒業後、オペラの成功もあり、作曲家としての地歩を固めよ

うとしていた矢先、24歳のラフマニノフは大きな挫折を味わいます。交響曲第1番の初演が大きな不評を買ったのです。自信を失ったラフマニノフは、まったく作曲ができなくなってしまいました。

心配した友人たちに勧められて、ラフマニノフは精神科医・ダール博士の催眠療法を受けることになりました。これが功を奏し、ふたたび自信を取り戻したラフマニノフは、この「ピアノ協奏曲第2番」を書き上げます。初演は大成功を収めました。

演奏会のあと、楽屋でダール博士が「あなたの協奏曲は……」と話しかけようとしたところ、それをさえぎってラフマニノフは「いいえ、あなたの協奏曲ですよ（あなたが作曲したも同然です）」と答えたといいます。作品はダール博士に献呈されました。ラフマニノフ28歳のときのことです。

すべての楽章が印象的

第1楽章は、鐘の音を模した8つの和音がピアノの独奏で打ち鳴らされる導入に続いて、第1主題が現れます。息の長い旋律を弦楽器の太いユニゾンが歌い、大きくうねる波のようなアルペジオでピアノがそれを支えます。

作曲家のメトネルはこの部分を「ゆるやかな鐘の揺れとともに、ロシアがその大きな体いっぱいに立ち上がるようだ」と言っています。シンプルなアイディアながら大胆なオーケストレーションが作り出す音響は確かに、そんな連想をさせてくれます。

ここのアルペジオのピアノパートを楽譜で見てみると、ひとつおかしなことに気づきます。1小節に入る音の数からすれば16分音符で書くべきところを、8分音符（16分音符の2倍の長さの音符）で書いてあるのです。楽譜のルールとしては間違った書き方ですが、ラフマニノフはここにあえて「長い」音符で書くことで、演奏者に「長い＝ゆったりした」時間を感じさせたかったのだろうと思われます。

第2楽章は一転して夢見るような緩徐楽章です。木管楽器とピアノの対話が美しい楽章ですが、旋律は4拍子なのに、伴奏音型は3拍子に聴こえるようになっていて、拍子の感覚を奪ってしまう「だまし絵」のような作りになっています。こんな仕掛けも、この楽章の夢幻的な雰囲気に一役買っていると言えるでしょう。

第3楽章はピアノの華麗な技術が見せ所のフィナーレです。ゆるやかに歌われる第2主題は、とてもチャーミングな表情をしています。ラストはお決まりの「ラフマニノフ終止（曲の終結部でラフマニノフがよく使う軍楽隊風のリズム音型）」です。

おすすめDISC

『ラフマニノフ：ピアノ協奏曲第1番、第2番』

ツィマーマン（ピアノ）／
小澤征爾（指揮）／
ボストン交響楽団［ドイツグラモフォン］

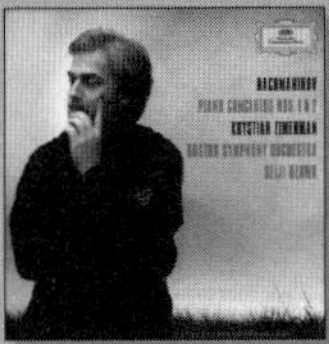

作品の美しさに溺れない、凛々《りり》しい演奏が見事な一枚。

壺井のツボ　ここがセンチメンタル！

美しい旋律がおさまっていくところの、陽が少し陰るようなハーモニーがいい仕事をしています。美しい旋律が美しいのは、美しいハーモニーがそれを支えているからです。

アランフェス協奏曲　第2楽章　ロ短調

作曲　ホアキン・ロドリーゴ（生1901年スペイン～没1999年）

多くの人に愛される哀愁に満ちたメロディ

ギター協奏曲と言えばアランフェス協奏曲、と言ってもいいくらいに、作曲家・ロドリーゴの残したこの曲の、ギター協奏曲というジャンルでの人気は圧倒的です。また、スペイン的な哀愁漂う第2楽章の美しい旋律は、ジャズに引用されたり映画音楽に使われたり、クラシックの垣根を飛び越えて愛されています。

この曲のほかにも、ギターのための優れた作品を数多く残したロドリーゴは、20世紀のほとんど全部を生きた、盲目の作曲家でした。

哀愁といえばイングリッシュホルン

第2楽章の冒頭、飾り気のないギターのアルペジオに乗って、イングリッシュホルン（188ページ参照）がこぶしを効かせた主題を歌い始めます。ロマン派以降のオーケストラ曲には、イングリッシュホルンを効果的に使ったものが多々ありますが、それらの中でも、この楽器の持つ「大人の哀愁」の側面が最高にハマっている例と言えるでしょう。

そのあとギターが同じフレーズを繰り返します。こぶしはさらに細かくなって、イングリッシュホルンとはまた違った哀愁を聴かせてくれます。

後半、2回目に現われるギターの長いカデンツァ（ギターのソロ）が大きく盛り上がった頂点のところで、全弦楽器がピッツィカート（弓を使わずに、弦を指ではじく奏法）で割り込んできます。

ここでのギターのかき鳴らしには「最大の音の強さ」（フォルテ記号が3つ）が要求されていますが、それでもオーケストラの全弦楽器が出す一発のピッツィカートとの「音の量」の差は歴然であり、そのコントラストはとびっきりに劇的です（この「音の量」のコントラストは、ＣＤよりもライブ演奏で強く体感できます）。

そしてそのすぐあとに、冒頭の主題がオーケストラのほぼ全楽器によって再現されます。ギターとオーケストラという、作曲には不利に思える音量の落差を逆手に活かした、見事なシークエンスです。

おすすめDISC

『ロドリーゴ：アランフェス協奏曲』

福田進一（ギター）／
飯森範親（指揮）／
ヴュルテンベルク・フィルハーモニー管弦楽団
［日本コロムビア］

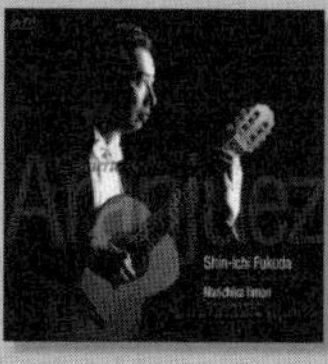

「かっこいいとはこういうこと」。福田進一のギターが教えてくれます。

壺井のツボ　ここがセンチメンタル！

ある意味「完璧な」哀愁の旋律ですが、完璧すぎてだんだん飽きてくることもないではありません。そんなときは、背景にも耳を凝らすとまた違った聴き方ができるでしょう。

ヴァイオリン協奏曲 ニ短調

作曲 アラム・ハチャトゥリャン（生1903年グルジア～没1978年ロシア）

代表曲は運動会の盛り上げ曲

ショスタコーヴィチ、プロコフィエフと並んで「ソビエト」を代表する作曲家に挙げられることの多いハチャトゥリャンですが、この3人の中で、ポピュラー音楽の世界にいたとしてもきっと成功しただろうと思わせられるのは、この人ではないでしょうか。

ハチャトゥリャンの音楽に登場する旋律はどれも親しみやすく、一度会っただけでなぜか顔を覚えてもらえる人のような、独特の表情をしています。運動会のBGMでおなじみの「剣の舞」の強烈なインパクトなどを考えても、いわゆる「キャッチー」な音楽を作り出す才能にずば抜けていることがわかります。

グルジアに生まれたアルメニア人のハチャトゥリャンは、幼い頃からカフカス地方の民族音楽に親しんで育ちました。19歳になるまで正規の音楽教育を受けていなかったものの、その後、民族音楽への造詣の深さを認められて音楽学校へ入学しています。

テクニックと叙情が満載の人気曲

クラシック音楽としての洗練はされつつも、民族音楽の強い生命力を存分に取り入れたハチャトゥリャンの音楽は、その「人なつっこさ」で大きな人気を得ました。

また、「クラシック音楽の伝統」と「民族性」の融合は、ソビエトが標榜する「社会主義リアリズム」の規範にも合い、ハチャトゥリャンの作曲家としての地位を確固たるものにしていきました。

この「ヴァイオリン協奏曲」は、わずか2ヶ月半という短期間で作曲されています。初演は、世界的なヴァイオリニスト、ダヴィット・オイストラフが担当しています。

東洋的な叙情にあふれた旋律と、技巧的に書かれた独奏ヴァイオリンのパートでソリストに花を持たせつつ、オーケストラも存分に炸裂するメリハリが楽しめます。ハチャトゥリャンの作品中のみならず、ヴァイオリン協奏曲としても大変人気の高い一曲です。

おすすめDISC

『Khachaturian: Piano Concerto, Violin Concerto, etc』

リッチ（ヴァイオリン）／
フィストゥラーリ（指揮）／
ロンドン・フィルハーモニー管弦楽団 ほか
［Decca］

第1楽章のカデンツァはオリジナル版にオイストラフ版を混ぜたバージョン。

壺井のツボ　ここがセンチメンタル！

第1楽章の第2主題、第2楽章の主要主題ほか、随所に現れる東洋的な旋律は「こぶし」が効いていて、ちょっと演歌っぽい。勝手に親近感が湧いてきます。

Column

音楽が持つ「意味」とは？

映画やテレビドラマでは音楽が使われます。

どういう場面でどういう種類の音楽が使われるのかには、ある程度パターンがあります。楽しい場面では長調の音楽が、悲しい場面では短調の音楽が使われることが多いでしょう。また、コミカルな場面には飛び跳ねるような音型の音楽、恐怖の場面には調のない不安定な音楽など、いろいろな典型例が考えられます。

これらは、短調＝「暗い／悲しい」の関係と同じく、長い時間をかけて作り出されてきたさまざまな関係を利用しているわけです。この場合は、場面と音楽の意味の方向が同じなので、音楽は場面の意味を強調していることになります。

面白いのは、その場面とは意味の方向が異なる音楽を使うこともできる、ということです。楽しい（はずの）場面で短調の音楽を使うと、「セリフでは楽しいことを言っているけど、登場人物は心の中では実は悲しい」というように、二重の意味を与えることもできます。意味を帯びた音楽は、意味を伝達するもうひとつのチャンネルになり得るというわけです。

ただし、人は音楽が暗示する意味を感覚的に受け取ります。ニュース映像におどろおどろしい音楽を使えば、人はそのニュースを無自覚にネガティブなものとして受け取りかねません。プロパガンダに使われる音楽ほど悲しいものはない、と私は思っています。

というように、意味を持つに至った音楽は、逆に言葉や映像に対し意味を付け返すことも可能になったわけですが、それは音楽が持っている本来の力ではありません。

ここ数年、私は物語のある「朗読とピアノのための作品」をいくつか作曲しているのですが、そこでは朗読の背景で音楽を演奏するのではなく、朗読と音楽が交互に登場する構成を採用しました。

まず、朗読が状況を説明し、それを受けて音楽が演奏されます。言葉の説明があったあとなので、聴く人は音楽から物語を聴き取りやすくなっています。そして、次に朗読に戻ったときには、音楽が「音楽という言語」を使って説明したもの（言葉では説明できないもの）を受けて、朗読もまた、単なる「言葉」とは違ったものになっているはずなのです。

「音楽が帯びることになった意味」ではなく、音楽という言語で語られた「音楽本来の意味」が、言葉（朗読）を強烈に照らし返すのです。

第3章

あなたを癒す
「短調の器楽・声楽曲」

無伴奏ヴァイオリンのためのパルティータ第2番 BWV1004より 第5曲「シャコンヌ」 ニ短調

作曲 ヨハン・ゼバスティアン・バッハ（生1685年ドイツ～没1750年）

旧作をアレンジして新作に⁉

「編曲」とは、手元の音楽辞典によれば「原曲を演奏の目的などに応じて異なった編成や楽器などのために書きかえること」となっています。これに加えて、音楽の流れを変えたり、ある要素を残してほかを大きく作り変えてしまうようなものも編曲に含まれるでしょう。

元の曲が何の曲だったのかわからないほどに「アレンジ」する編曲の場合、部分的には作曲と変わらない作業が必要になります。編曲と作曲の境界は、実はあいまいなものです。

バッハは、自分の過去の作品を頻繁に編曲しています。忙しすぎて新作を書いている暇がなかったから、という理由もあったでしょうが、当時の感覚では、旧作を書き変えて新作として発表するのはごく普通のことでした。

また当時は、一度演奏されるとその曲はそれで終わりで、作曲家には新作が次々と求められた時代でした。旧作の中のお気に入りの旋律を、一度演奏したきりでお蔵入りにするのはもったいない、ならば編曲して新作として発表しよう、ということもあったに違いありません。

多くの作曲家が編曲した人気曲

もちろん、バッハの作品には本人以外の編曲者による編曲もたくさんあります。なかでもこの「シャコンヌ」は、編曲された数で言えばバッハの作品中で一番人気かもしれません。有名なものには、ブラームスが左手のピアノのために編曲したもの、ストコフスキーがオーケストラのために編曲したものなどがあります。

本来は、無伴奏ヴァイオリン、つまり鍵盤楽器やオーケストラなどの伴奏のない、ヴァイオリン一挺《ちょう》だけで展開される音楽です。

たった一挺のヴァイオリンで音楽を描こうとするときに、無駄な音を並べている余裕はありません。これ以上もこれ以下もない、選りすぐられた音で構築されているこの峻厳《しゅんげん》な音楽を編曲するのは、本当はとても難しいことだと思います。

おすすめDISC

『J.S.バッハ：無伴奏ヴァイオリンのためのパルティータ（全曲）』

ミルシテイン（ヴァイオリン）
［ドイツグラモフォン］

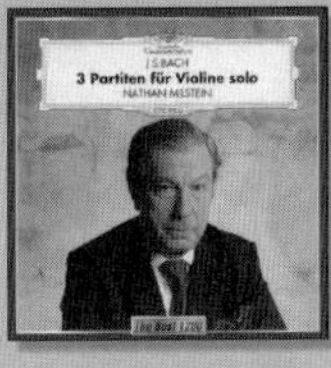

彫像するかのような演奏。完璧な技術のなせる、無駄のない美しさ。

壺井のツボ ここがセンチメンタル！

とはいえ、バッハのようなポリフォニックなスタイルの音楽は、むしろほかの楽器への編曲に向いています。また、ロマン派の作曲家による濃い味付け編曲のバッハも、それはそれでバッハ。

アルペジオーネ・ソナタ イ短調

作曲 フランツ・シューベルト（生1797年オーストリア〜没1828年）

アルペジオーネのための唯一の曲

かつて、アルペジオーネという楽器がありました。6本の弦を備え、フレット（棹《さお》の部分についている、音程を作るための突起）があるという構造はギター、縦に構えて弓で弦を擦って音を出すという奏法はチェロ、という異種楽器を掛けあわせたアイディア商品のような楽器です。

1824年に考案、製作されましたが、残念ながらまったく普及することなく滅んでしまいました。あまりに早く消え去ってしまったため、この楽器のために作曲された作品も、シューベルトのこの曲しか残っていません。

楽器は滅んでしまいましたが、シューベルトの音楽は生き残りました。現在では、音域の近いチェロやヴィオラなどによって演奏されています（ギターで演奏されることが比較的少ないのは、結局のところ「弦を弓で擦って弾く」楽器のために音楽が書かれているからです）。

美しい旋律が救った「アルペジオーネ」の名

曲は、落ち着いた悲しみを静かに歌うテーマが美しい第1楽章、夢見ごこちの間奏曲風の第2楽章、ラプソディックな第2主題が印象的な第3楽章の3つの楽章から成っています。

現代では、作曲家が特定の楽器に作曲する際に、その楽器でしか演奏できない技術や表現を盛り込む、ということが比較的重要視されます。ピアノなら音を引き伸ばすダンパーペダルの活用、ヴァイオリンなら4本の弦を十分に使ったアルペジオやフレーズ、金管楽器や打楽器なら大きな音量を活かしたアタックなど、それぞれの楽器特有の個性を引き出せるかどうかは作曲家の腕の見せどころです。

そういう視点で見ると、この「アルペジオーネ・ソナタ」はアルペジオーネという楽器の特質をほとんど盛り込めていないように思えます。ところどころに出てくる和音に、6本弦であることを考慮した跡が少し見える程度です。

しかし、その楽器特有の個性＝事情に依拠した要素によって作品を書かなかったことが、のちにこの作品のほかの楽器への移植を容易にしました。そして、シューベルトが美しい音楽を書いてくれたことで「アルペジオーネ」の名もまた、後世に伝わることになったわけです。

おすすめDISC

『シューベルト：アルペジオーネ・ソナタ』

マイスキー（チェロ）／
アルゲリッチ（ピアノ）
[Decca]

自由に歌う個性的なふたりの奏者による見事なデュオ。

壺井のツボ　ここがセンチメンタル！

第1楽章の冒頭でピアノが提示するテーマは、たった9小節の中にいくつもの表情がつまっています。しかも「ラ・シ・ド・レ・ミ・ファ」までのとても狭い音域の中で。

ハンガリー田園幻想曲 ニ短調

作曲 フランツ・ドップラー（生1821年ポーランド～没1883年オーストリア）

フルート吹きドップラーならではの曲

日本の民謡を彷彿とさせる冒頭主題が印象的な、この「ハンガリー田園幻想曲」の作曲者・ドップラーは、フルート奏者としてヨーロッパ各地で活躍した人物でした。

作曲家としては、現在はこの「ハンガリー田園幻想曲」のほかに、いくつかのフルートのための作品や、リストの「ハンガリー狂詩曲」のオーケストラ編曲などで知られているだけです。

この曲は「チャールダーシュ」と呼ばれるハンガリーの民族音楽のスタイルで書かれています。テンポの遅い第1の部分（日本民謡風＝追分節っぽい）、長調になって中庸なテンポの第2の部分、急速なテンポで駆け抜ける第3の部分という「緩↓急」の形です。

　フルートの敏捷性を活かした華やかな作品ですが、冒頭では、輝かしい高音域とはまた別の、低音域のフルートの魅力を聴かせてくれます。

頭の中の音楽をどれだけ表せるか

「追分節」のような拍節のはっきりしない音楽を記譜するとき、音の出るタイミングや音の長さについてはある程度、近似値で書かざるを得ません。正確な記譜を追求し過ぎると、人間が演奏するには不適当な細かさになってしまうからです。例えば、1拍を100等分した51個目のタイミングで音を出せ、と言われても普通は無理でしょう。

　作曲は、自分の頭の中に生まれる音楽を記譜すること、と言い換えることもできます。この曲の冒頭のフルートの旋律を楽譜で見ると、連符やタイや装飾音符などを使って、できる限り「頭の中の音楽」に近づけたい（けれども人間が再生可能な範囲で）と苦心した様子がうかがえます。
そもそも、楽譜は音楽そのものではなく、フリーズドライ食品のように新鮮さを閉じ込めたもの、なのです。それを適切なやり方でみずみずしく甦らせ、「音楽」にしてお客に供するのは、演奏家の仕事です。

壷井のツボ　ここがセンチメンタル！

フルートの低音域は、聴きようによっては尺八を連想させる音色をしています。低音域では音量はあまり出ませんが、押し殺した声というのはどんなものでも迫力があります。

おすすめDISC

『万華響』
上野星矢（フルート）ほか
［日本コロムビア］

目を見張るテクニックでフルートの「ド・名曲」を切り裂くアルバム。圧巻。

クラリネット五重奏曲 口短調

作曲　ヨハネス・ブラームス（生1833年ドイツ～没1897年オーストリア）

クラリネットを上手に扱えれば一人前!?

クラリネットは作曲家にとって非常に便利な楽器です。

3オクターブ半ほどの幅広い音域を持ち、敏捷性もあり、最高音域を除けば強い音も弱い音も自在に出すことができます。そして特筆すべきは、アンサンブルの中にあるときの、ほかの楽器の音色に溶け込んで自身の存在を消すカメレオンのような能力です。

もちろんクラリネットにはクラリネット独自の音色があり、自己主張をするときのクラリネットはなかなかの男前なのですが、背景になるべき箇所や、弦楽器と一体になって和音を形作るべき箇所では一歩身を引くことも知っている。気がきく奴なのです。

作曲家たちに重宝される理由はこのあたりにあるのですが、それがかえって、オーケストラ曲などでのこの楽器の乱用をしばしば引き起こしもします。クラリネットを適切的確に扱える作曲家こそ一人前、と言えるかもしれません。

優れた演奏家との出会いが名作を生む

ブラームスは晩年、ミュールフェルトという優れたクラリネット奏者と出会い、彼のためにクラリネットを含む作品をいくつも書いています。この「クラリネット五重奏曲」はそのひとつです。

クラリネット＋弦楽四重奏という編成のこの曲で、クラリネットはソロ的な役割を多く担っています。と同時に、その「カメレオン」力を発揮して弦楽四重奏に完全に溶けこんでしまう部分もあります。そして、弦楽四重奏と一体になっていたクラリネットが、周囲との継ぎ目を感じさせないままにふわっと浮かび上がってくるときの美しさは、まったく比類のないものです。

晩年のブラームスの音楽は決して枯淡の境地などではありませんが、若い頃の勢いある音楽に比べれば、無駄のない音が力みなく選ばれた、年輪を重ねた作曲家が到達し得る佇まいを聴かせてくれます。

クラリネットは、晩年のブラームスが手に入れた書き味最高の絵筆、でした。

おすすめDISC

『モーツァルト&ブラームス：クラリネット五重奏曲』

プリンツ（クラリネット）／ウィーン室内合奏団［日本コロムビア］

はっきりした表現で力強いクラリネット、弦楽器も快活。

壺井のツボ

ここがセンチメンタル！

古典派的で構成のガチっとした音楽を書いた、というイメージの強いブラームスですが、実は相当なメロディメーカーでもあるということがよくわかる曲。やっぱりロマン派の人です。

アルハンブラの思い出 イ短調

作曲 フランシスコ・タレガ（生1852年スペイン〜没1909年）

ギターだからこその名作

「アルハンブラの思い出」は、全編がクラシックギターならではのトレモロ奏法で書かれた名作です。

作曲者のタレガは、ショパンやベートーヴェンなどの作品をギターに編曲し、ギターの地位向上に貢献したギタリスト兼作曲家ですが、「近代ギター音楽の父」の称号にふさわしい彼の仕事は、この「アルハンブラの思い出」のような、ギターという楽器そのものと切り離すことのできない音楽の存在の仕方を見せつけたことであると言えるでしょう。

トレモロを存分に味わう曲

「トレモロ（tremolo）」は本来「震えること」を意味するイタリア語で、音楽用語としては「音をすばやく反復する奏法」を指します。ヴァイオリンのような擦弦楽器では弓を高速に上下させて弦を擦り、マリンバのような打楽器ではふたつのマレットですばやく交互に鍵盤を叩きます。

そうして得られる「短い音の連続」は、特に音が減衰振動するタイプの楽器では「音が延びている」かのような錯覚を聴く人に与えることができます。点線が遠目には実線に見えるのと似たようなものです。ギターの場合のトレモロも、「短い音の連続」によって長く延びた旋律線などを表現することができます。

クラシックギターの場合のトレモロ奏法は、右手の人差し指、中指、薬指の3本がトレモロを担当し、親指が伴奏音型を担当します。リズムの割り当てを文字で書けば「ンタタタンタタタ」のようになります（「ン」が親指、「タタタ」がトレモロ部分）。トレモロ奏法とは言っても、クラシックギターの場合、「短い音の連続」は実際には連続ではなく、4つにひとつは隙間が空いている、ということになるわけです。

それでも、すぐれた演奏者の手にかかれば、隙間の空いたトレモロが1本の線のように聴こえてきます。なおかつ伴奏も同時に演奏できてしまうという、ほかの楽器には真似のできない、ギターならではの世界です。

壺井のツボ　ここがセンチメンタル！

ギター音楽のよさは、たとえCDで聴いていても演奏者の「手」の感触が身近に感じられることにあると私は思います。試しに、目をつむって「手」を想像して、聴いてみてください。

おすすめDISC

『アルティメット・ギター・コレクション』

ジョン・ウィリアムス（ギター）
[Sony Classical]

「ギターのプリンス」が贈る、ギター名曲集。鉄板です。

エレジー　ト短調

作曲　アレクサンドル・グラズノフ（**生**1865年ロシア～**没**1936年フランス）

ヴィオラの魅力に気づいた作曲家たち

ヴィオラは、ヴァイオリンよりも一回りサイズが大きく、5度低い音まで出すことのできる楽器です。オーケストラや室内楽では、ヴィオラはヴァイオリンとチェロの間の音域を埋める役割を担当させられることが多く、チェロと比べても旋律を弾くことが少ないため、地味な印象があるかもしれません。

また、優秀な人材が華々しい部署に流れてしまいがちなのはどの世界でも同じ……ということが原因かどうか、古典派やロマン派の時代の作曲家たちは、ヴィオラをソロ楽器に据えた作品をあまり書きませんでした。

けれどもヴィオラには、ヴァイオリンには出せない低音域の野太さや、鼻にかかったような音色の高音域といった独特の個性があります。陰ながら重要な仕事をこなしてきたヴィオラという大変奥ゆかしい楽器が、実はとても魅力的だったことに改めて気づいた作曲家たちが、とりわけ近代以降、ヴィオラのためのレパートリーを続々と発表するようになりました。

ヴィオラの音色をたっぷり味わう

「ロシアのブラームス」と呼ばれたグラズノフは、端正に整えられたヨーロッパ的な作風の中に、ロシア的な色合いが随所に感じられる作品を多く残しました。ヴァイオリン協奏曲や、晩年のサキソフォン協奏曲が特に有名ですが、この「エレジー」もヴィオラ奏者にとってなくてはならない作品のひとつとして知られています。

揺れ動く伴奏に乗って、素朴ながら印象深い歌謡風の旋律がヴィオラによって淡々と歌われていきます。技巧的に魅せる部分のほとんどない作品ですが、それがかえって

「ヴィオラの音」の魅力をありのままに聴かせてくれます。
　中間部が終わって冒頭のテーマが戻ってくる部分から先の、曲がりくねりしつつ低音域まで降りてくる過程は、優雅な黄昏《たそがれ》とでも名付けたくなるような趣《おもむき》があります。ヴィオラという楽器を美しく照らす、夕映えのシーンです。

おすすめDISC

『ロシアのヴィオラ』
今井信子（ヴィオラ）／
ペンティネン（ピアノ）
［キング・インターナショナル］

ヴィオラで描くロシアン・アルバム。積極的な歌い口で胸に迫るグラズノフ。

壷井のツボ　ここがセンチメンタル！

教科書的に隙のない仕事ぶりが、逆にグラズノフをいまいち目立たない作曲家にしているというところはありますが、この曲でのそれは、一級品の旋律を大切にくるむ毛布のように安心を与えてくれます。プロの仕事です。

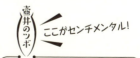

鳥の歌 イ短調

編曲 パブロ・カザルス（生1876年スペイン～没1973年プエルトリコ）

チェロ奏者カザルスの功績

この「鳥の歌」はキリストの降誕を歌ったカタロニアの民謡が原曲ですが、クラシックで「鳥の歌」といえば、チェロの巨人・カザルスによって編曲されたチェロとピアノのための小品、ということになるでしょう。

カザルスは、演奏会用の作品としてはほとんど顧みられていなかったバッハの無伴奏チェロ組曲を「発掘」して独奏チェロのための重要なレパートリーに定着させたり、チェロの演奏技術の歴史を大きく塗り替えるほどの変革をもたらした不世出のチェリストです。また、20世紀の政治の荒波の中で、徹底して自らの意志を貫き、後年はさまざまな平和運動を展開する信念の人でもありました。

カザルスは、スペイン人としてよりもカタロニア人としての誇りから、演奏会の最後に必ず、本人編曲による「鳥の歌」を演奏するようになります。1971年、94歳のときに国連で行った演奏会でも「鳥の歌」を演奏していますが、そのときのスピーチの中でカザルスは「鳥たちはPeace, Peaceと鳴いているのです」と説明しています。

悲しく響く鳥の歌

曲は、ピアノの高音のトリル（ふたつの音をすばやく交互に弾く奏法）が鳥のさえずりを模倣して2回鳴くところから始まります。

このイントロは終結部にもまったく同じ形で登場しますが、素朴な数小節が実に悲しく、枯れて響きます。この部分だけを見れば、編曲としては何のアイディアもないような素っ気なさですが、歌に入ったところのピアノパートに書かれた低音域の重々しい和音との対比によって、際立った縁取りをこの曲に付け加えることに成功していると言えるでしょう。

沈み込んでいくようなピアノの和音に支えられ、そしてそこから這《は》い上がろうとするような身振りの旋律が、深い悲嘆を伝えて涙を誘います。

壺井のツボ ここがセンチメンタル!

編曲の和音付けもまた大変シンプルで、旋律もほとんど変化なく2回繰り返されるだけ。骨格だけでできたような音楽にもかかわらず、その表現の深さに驚きます。

おすすめDISC

『鳥の歌 ホワイトハウス・コンサート』

カザルス(チェロ)/ホルショフスキー(ピアノ)
[Sony Classical]

古いライブ録音で音質はよくないが、まずはご本尊による歴史的な演奏を。

ブラジル風バッハ 第5番 イ短調

作曲 エイトール・ヴィラ＝ロボス（生1887年ブラジル〜没1959年）

ブラジルとクラシックの融合

生き生きとして野性的で、カラフル。野放図に明るさを撒き散らし、哀愁を歌い上げるときにも線は太く、どことなく男臭いセンチメンタリズムを漂わせている。そんなブラジルの作曲家・ヴィラ＝ロボスの個性的な音楽は、彼が若い頃、国内各地を放浪してまわったときに得たさまざまなブラジルのポピュラー音楽がルーツにあるようです。

同時に、バッハの作品を深く敬愛していたヴィラ＝ロボスは、「ブラジル風バッハ」というタイトルの組曲シリーズにおいて、彼の中の「ブラジル」を、クラシックの作曲家として実現しようとしました。彼は、クラシックの知識と作曲の技術をほぼ独学で身につけています。ヴィラ＝ロボスは、ブラジルにおけるクラシック音楽のパイオニアであり、現在もなお、ブラジルを代表する作曲家であり続けています。

チェロの豊かな響きにただよう哀愁

この「ブラジル風バッハ第5番」は、ソプラノとチェロ8台という一風変わった編成で書かれています。ヴィラ＝ロボスはオーボエ以外のほとんどの楽器を演奏することができたといいますが、中でも彼はチェロを大変得意としていました。このシリーズの第1番も、チェロ8台（もしくは8パート）という編成で書かれています。

「アリア／カンティレーナ」と題された第1楽章では、中間部を除いて、ソプラノが歌詞のない歌（ヴォカリーズ）を歌います。チェロ・アンサンブルのピッツィカートに誘われて始まる冒頭の旋律は、長く延ばされた音符が先のほうで風に吹かれて揺らめいている、というような形をしています。

哀愁ただよう印象的な旋律なのですが、どこかつかみどころのない、不思議な浮遊感も伴っています。楽譜を見てみると、ひとつ目のフレーズは5拍＋5拍＋3拍、ふたつ目のフレーズは6拍＋2拍でできていて、この不規則な拍の構造が「定まらない」感じに一役買っていると言えそうです。

おすすめDISC

『ヴィラ＝ロボス：ブラジル風バッハ（選集）』

ティルソン＝トーマス（指揮）／
フレミング（ソプラノ）／
ニュー・ワールド交響楽団［RCA］

洗練されたヴィラ＝ロボス。「臭いの少ないクサヤ」のような聴きやすさ。

壺井のツボ　**ここがセンチメンタル!**

この曲はヴィラ＝ロボスの作品の中では比較的「男臭くない」部類ですが、それでもチェロパートのあちこちにダンディなフレーズが。それもまたひとつのセンチメンタル。

セレナード ニ短調

作曲 フランツ・シューベルト（生1797年オーストリア～没1828年）

心に響く歌曲を多数作曲

「歌曲王」の名にふさわしく、シューベルトはその生涯に600曲を超える歌曲を残しています。もちろん、残した作品の数が問題なのではなく、美しい旋律の数々が彼を「歌曲王」足らしめているのですが、理由はほかにもいくつか挙げることができるでしょう。

シューベルトの歌曲では、ピアノパートが伴奏の役割を超えて幅広い音楽的表現を担当しているという特徴があります。

例えば、最初期の傑作「糸を紡《つむ》ぐグレートヒェン」では、ピアノパートは糸車のまわる様子を巧みに描写した音型で歌を支えていますが、これは、それまでの時代に書かれた歌曲にはほとんど見られなかった表現でした。

また、詩の内容に沿った色彩の変化として見事な効果を発揮している和声（和音の配置とその連結法）の斬新さも指摘できるでしょう。ベートーヴェンの中期以降にほぼ重なる時代を生き、形式においては古典派といってよいシューベルトですが、ロマン派の一部を先取りした斬新な和声は、歌曲において生々しい人間表現を可能にしました。

短くも豊かな作曲家人生

音楽好きの父親からヴァイオリンを、兄からはピアノの手ほどきを受けたフランツ少年はすぐにその才能を開花させ、11歳で帝室宮廷礼拝堂の少年合唱団に入団、同時に帝室王立寄宿学校への入学を許され、本格的な音楽の勉強を始めます。成績は学業も含めて抜きん出ていました。

その後、家族の勧めもあって学校の教員になりますが、自由に作曲をする時間のとれない職はシューベルトにとって苦痛でしかありませんでした。しかし、そのような環境にあっても奔流のような創作意欲は止まるところがなく、１８１５年には歌曲だけで１４５曲を書き上げています。ゲーテの詩を用いた有名な歌曲「魔王」もこの年の作です。

そんなシューベルトを精神的に支えていたのは、彼を慕《した》う友人、知人が集まって頻繁に催された私的な演奏会「シューベルティアーデ」でした。シューベルトの多くの歌曲、ピアノ曲（友人と共に演奏するために書かれた連弾曲も多い）、室内楽曲などがそこで演奏されています。第6番までの初期の交響曲のほとんども、こうした場所に集まった私的なオーケストラによって初演されています。

教員を辞めたのち、ボヘミアン的な生活の中で創作活動を続けたシューベルトは、次第に健康を害するようになります。腸チフス、あるいは梅毒など、いろいろな説があって死因は定まっていませんが、わずか31歳という若さでシューベルトはその生涯を閉じることになりました。

死の前年、シューベルトは尊敬するベートーヴェンの病床を見舞っています。現在、ウィーンにあるシューベルトの墓は、ベートーヴェンの墓のすぐ近くにあります。

白鳥が死の間際に歌う美しい歌

生涯にわたって歌曲を書き続けたシューベルトですが、晩年のふたつの連作歌曲『美しき水車小屋の娘』と『冬の旅』は、その作品としての充実度において突出していると言えるでしょう。

そして、右のふたつに並べて、三大歌曲集として挙げられることの多い歌曲集『白鳥の歌』ですが、こちらはシューベルト本人がまとめたものではありません。シューベルトの死後、晩年に書かれた歌曲を出版社がまとめて『白鳥の歌』と題して出版したものです。ちなみに「白鳥は死ぬ間際に美しい歌を歌う」という説からこのタイトルがつけられたのですが、現在ではある作曲家の最後の作品を指して「誰々の白鳥の歌」と言ったりします。

この「セレナード」は、『白鳥の歌』の第4曲にあたります。シューベルトの残した歌曲の中で最も有名なもののひとつと言っていいでしょう。

本来「セレナード」とは、夕暮れ時の屋外で、愛する人に向かって演奏する音楽のことを言います。そのような場で演奏されるときに伴奏楽器として使われるのは、ギターやマンドリンなどの撥弦《はつげん》楽器でした。この「セレナード」でも、ピアノはギターを模したアルペジオで演奏されます。

おすすめDISC

『シューベルト：歌曲集「白鳥の歌」』

フィッシャー＝ディースカウ（バリトン）／ムーア（ピアノ）[EMI CLASSICS]

シューベルトを得意としたフィッシャー＝ディースカウ30代後半の録音。

壺井のツボ　ここがセンチメンタル!

曲の途中でさり気なく長調に変わってしまうやり方（専門用語を使うと「同主長調への転調」）がシューベルトらしいところ。こういうところにもやられます。

夢のあとに ハ短調

作曲 ガブリエル・フォーレ（生1845年フランス～没1924年）

受け入れられにくかった進歩的な音楽

フランスの作曲家・フォーレは、教会のオルガニストの仕事をこなしつつ作曲活動を行うという時間を長く過ごしています。

当時としては、フォーレの音楽は非常に進歩的な要素を含んでいたため、作曲家としてはなかなか正当な評価を得られなかったのです。

現在から見れば、その進歩的な音楽は、その後のドビュッシーの登場に象徴される近代音楽への橋渡しとなる重要なものでした。79年の長寿を生きたこともあって、晩年にはパリ音楽院の作曲科教授、院長を歴任し、教師としてもフランス音楽の歴史に大きな影響を与えることになります。

編曲作品も多い優美な人気曲

「夢のあとに」は、フォーレ初期の歌曲集『3つの歌 作品7』の第1曲です。フォーレの全作品中、最も有名で人気の曲と言っていいでしょう。歌曲としてだけでなく、チェロなどさまざまな楽器で演奏されています。

作品は、ピアノが和音をシンプルに鳴らすだけの伴奏の上に、優美な旋律が歌われます。旋律のところどころに現れる3連符（拍を3つに分けるリズム）が、表情を揺らして魅惑的です。歌詞にある「夢の中で見ている恋人」の姿が揺らめいているかのようです。

この曲の旋律が聴く人に強い印象を与える理由には、旋律に対する和音の選択の妙もあります。冒頭の旋律は「ソ・ド・レ・ミ」という4音で、これはクラシックに限らずさまざまなジャンルの音楽で使い尽くされてきた、いわば「王道の歌い出し」ですが、フォーレは4つ目の「ミ」の音が鳴ったところで、さっそく転調（別の調に変わること）するということをやっています。

　定食屋で定番メニュー「ソ・ド・レ・ミ」を頼んで、一口食べてみたら予想外の味付け、しかもそれがおいしかった、という感じの、「安心」と「心地よい裏切り」が見事に決まっています。

おすすめDISC

『月の光〜フォーレ：歌曲集』
スゼー（バリトン）／
ボールドウィン（ピアノ）
[EMI Classics]

フォーレ音楽のエッセンスのようなアルバム。フランス歌曲の第一人者、スゼーのバリトンで。

壺井のツボ　**ここがセンチメンタル！**

優雅です。甘い旋律、ではあるのですが、気品があります。スラリと背が高くて、姿勢のよい人、みたいな。そしてそれを、絶妙なハーモニーが演出しています。

ヴォカリーズ 嬰ハ短調

※さまざまな楽器への編曲版ではその他の調に移調されていることも多い

作曲 セルゲイ・ラフマニノフ（生1873年ロシア～没1943年アメリカ）

いまも愛される哀愁漂う美しい曲

多くの編曲がある、というのは、それだけ人気のある曲である、ということです。ラフマニノフの「ヴォカリーズ」も、およそあらゆる楽器に編曲され、広く親しまれている人気の曲です。

「ヴォカリーズ」とは、歌詞がなく母音のみで歌う歌唱法、もしくはそのような歌のことを言います。『14の歌曲 作品34』の終曲を飾るこの曲も、タイトルの通り、歌詞がなく母音唱法で歌われる歌曲として作曲されました。

しかし現在では、声楽曲として歌われるよりも楽器で演奏されることのほうが多くなっています。もちろん歌われることはあるのですが、旋律が2オクターブという幅広い音域に渡っているため、演奏は容易ではありません。演奏が難しい曲というのは、往々にして忘れ去られる運命にあるものです。

けれどもこの曲には、ラフマニノフの全作品中でも最上級の、深い哀愁を湛えた旋律がありました。幸い、たいていの楽器は人の声よりも幅広い音域を演奏することが可能です。多くの楽器奏者たちがこぞって自らの楽器のために編曲し、演奏したことで、「ヴォカリーズ」はピアノ協奏曲第2番や交響曲第2番と並ぶ、ラフマニノフの代表作となったのです。

旋律の対話に耳を傾ける

すばらしい旋律の曲ではありますが、この曲の見事なところはむしろ、主旋律と対話をするように進んでいくもうひとつの旋律との綾だろう、と思います。

初め、伴奏パートは少し速めの歩行くらいのテンポで和音を鳴らしていくだけですが、途中から、主旋律に対して「なぜ？　どうして？」と問うようなフレーズを歌い始めます。そしてそれに答える主旋律。その後もふたつの旋律は、交互に歌い、会話を交わしながら進んでゆきます。

　そしてラスト近く、今度は伴奏パート側が冒頭の主旋律を奪い、これまで主旋律だったパートが低音域からこの曲の最高音域までを一気に上っていくところの両者の掛け合いに、心震えます。

壺井のツボ　ここがセンチメンタル！

主旋律の美しさに耳を奪われがちですが、このように、複数の旋律が絡み合って進んでいくような音楽の作り方が、曲に深みを加えているのですね。

おすすめDISC

『ヴォカリーズ
～ロシアン・ロマンス』

マイスキー（チェロ）／
ギリロフ（ピアノ）
［ドイツグラモフォン］

自在に歌うマイスキーのチェロで聴く、酔う、ロシア小品集。

「曲」は作曲家のものではない

新作が演奏されるとき、作曲者の私はたいていリハーサルに立ち合います。新作というのはまだ誰も演奏していない曲ですから、演奏者にとって、その曲の情報は楽譜しかありません。そこで「作曲者本人にいろいろ聞いたらいいんじゃない?」となるわけです。

「本人なんだから曲もよくわかってるだろう」

「モーツァルトやベートーヴェンと違ってまだ生きてるし」

「よし、リハーサルに連れてこよう」

まあ、作曲者としては「必要なことはすべて楽譜に書いてある」と言いたいところですが、楽譜の情報だけで音楽を作るのは結構大変なことではあります。

リハーサルに呼ばれた私は、演奏者からいろいろと質問を受けます。さすがに作った本人ですから、曲の仕組みや音の関連性などについてはてきぱきと答えます。さくさく進むリハーサル、どうやら追加のスタジオ代も発生しない見込みで穏やかな空気が流れます。うん、役に立ててよかった。

そこに次のような質問が。

「この曲はどんなイメージで作曲したの？」

こういう時、私は演奏者に「じゃあ、あなたはこの曲にどんなイメージを持った？」と、逆に質問を返すことにしています。それは、作曲者の持っているイメージを聞いて、それがその曲についての「正しい」答えだと思ってほしくないからなのですが。

曲は、楽譜という容器に閉じ込められた時点で、作曲者にとって自分とは別の存在になります。親子の関係のようなものです。いつまでも口を出す親のような作曲家のもとからは、子は巣立っていくことができません。

こう思うようになったのは、「私が考えていたのとはまるで違うイメージで演奏された自分の曲が、とても魅力的な音楽になって立ち現れる」瞬間に、何度も遭遇してきたからでした。確かにその曲を「楽譜」に閉じ込めたのは作曲者の私、でも、その「楽譜」から、作曲者の私が想像していなかったまったく別の魅力を持った音楽が出てくる、という驚き。その曲の「個性」について知っているのは作曲者だけではない、ということを学んだのでした。

最も大切なのは、その曲の個性が魅力的な音楽になること、に尽きます。私は作曲者（親）として、曲（子）の自立的な成長にこそワクワクしたいと思っています。

第4章

あなたを癒す
「短調のピアノ曲」

クラヴサン曲集第3巻 第13組曲より
「葦」 ロ短調

作曲 フランソワ・クープラン（生1668年フランス～没1733年）

クラヴサン音楽と言えばクープラン

バロック時代、ヨーロッパの音楽の中心はイタリアにありましたが、フランスではブルボン王朝の音楽好きな君主に庇護《ひご》されて、音楽は独自の発展をみせていました。クラヴサン（弦を鉤爪でひっかいて音を出す鍵盤楽器。チェンバロ、ハープシコードと同じ）音楽の隆盛は、そのひとつです。

フランスのクラヴサン音楽を作り上げた、最も重要な作曲家にフランソワ・クープランがいます。彼は、多くの音楽家を輩出した名門「クープラン一族」の最も傑出した作曲家でした。叔父のルイ・クープランもまた、クラヴサン音楽の発展に寄与した作曲家として知られており、ふたりを区別するために、フランソワの方を「大クープラン」と呼ぶことがあります。

イメージを刺激する曲名

クープランは4巻のクラヴサン曲集を残しています。収録されている曲のほとんどは小品ですが、全部で２２０曲以上になる膨大なものです。

特徴的なのは、それらの曲の大部分に文学的なタイトルがつけられていることでしょう。「蝶々」「恋のうぐいす」「ぶどう摘みの女たち」「修道女モニク」など、聴く人のイメージを刺激します。

「葦」と題されたこの曲は、第3巻に含まれる第13組曲（第1巻からの通し番号）の第2曲です。短い曲ですが、なだらかに上り下りするシンプルな旋律に、小さな歩幅でつきしたがう伴奏形がほのかな憂いを添えて泣かせます。
即興演奏が盛んだったバロック時代には、楽譜に書かれた曲を演奏するときでも、即興的な変化をつけて演奏することが普通でした。「装飾音」を付加するというのがありふれた方法ですが、本来は演奏者が即興的に付加するはずの「装飾音」を、クープランは楽譜に事細かに書き込んでいます。このあたりに、クープランという作曲家が支配しようとした「作品」の範囲、というものがうかがえます。

壺井のツボ ここがセンチメンタル!

「装飾音」にはいろいろありますが、核となる音の下の音へすばやく移動し、すぐに元の音に戻ってくる「モルデント」が最も多用されているでしょうか。モルデントは旋律を典雅に震わせます。

おすすめDISC

『恋の夜鳴きうぐいす
～クープラン：クラヴサン名曲集』
ボーモン（クラヴサン）[Erato]

フランスを代表するクラヴサン奏者によるクープラン名曲集。

平均律クラヴィーア曲集第1巻より プレリュードとフーガ第4番 BWV849 嬰ハ短調

作曲 ヨハン・ゼバスティアン・バッハ（生1685年ドイツ〜没1750年）

主旋律の裏にあるものとは？

いま、あなたはある音楽を聴いています。とても美しい旋律の音楽です。そして、あなたはその美しい「旋律」に最大の注意を向けて聴いているのですが、その音楽からいま聴こえてくる旋律は、ひとつだけ、でしょうか？

多くの音楽には、「主」旋律があります。ほとんどのポピュラー音楽では歌のパートが主旋律ですし、クラシックでも、オーケストラ曲なら第1ヴァイオリンなどの高音域を担当する楽器が主旋律を演奏する場合が多いでしょう。
このように、ひとつの旋律が優位に立ち、和音やリズムを従えている音楽の形をホモフォニーと呼んでいます。

旋律を対等に扱ったバッハ

翻ってバッハの音楽を聴いてみると、いくつもの旋律が同時に、そして対等な関係で鳴っていることに気づきます。ホモフォニーに馴染んだ意識で聴くと、しばしば「主」旋律らしきものが見当たらないことに当惑するかもしれません。

バッハの音楽では、多くの場合、複数の旋律が関係し合いながら同時に進行していく、ポリフォニーと呼ばれる書法で作曲されているからです。だから、バッハの音楽を聴くときには、ちょっとだけ意識の切り替えが必要になります。

この「平均律クラヴィーア曲集第1巻」は、「プレリュード」と「フーガ」の2曲がセットになったものが24曲収録された、鍵盤楽器のための一大曲集です。第2巻もあり、クラシックの「旧約聖書」と称されています（「新約聖書」はベートーヴェンのピアノソナタ全32曲）。

この中の「フーガ」とは、冒頭に現れる主題を複数の声部（パート）が厳格なルールに則って模倣していく形式の音楽のことで、とりわけポリフォニーの要素が強いもののひとつです。なかでも、この「第4番」のフーガは5つの声部を持ち、3つの主題が絡み合う、非常に高度なフーガとなっています。

おすすめDISC

『グレン・グールド・エディション バッハ：平均律クラヴィーア曲集 第1巻（全24曲）』

グールド（ピアノ）［Sony Classical］

異才・グールドによる、立体的で、いきいきと脈動するバッハ。

壷井のツボ　ここがセンチメンタル！

厳格なフーガと違って、プレリュードは24曲さまざまな形式で書かれています。この第4番のプレリュードは「主」旋律がある程度優位な、嘆き節がしみる絶品です。

ピアノソナタ第14番『月光』嬰ハ短調

作曲 ルードヴィヒ・ヴァン・ベートーヴェン（生1770年ドイツ～没1827年オーストリア）

すべての音楽はベートーヴェンに通ず!?

作曲家は誰しも「いい音楽」を書きたいと思っています。それは当たり前ですが、そもそも「いい音楽」とは一体どんなものなのか、どうやったらその「いい音楽」にたどり着くことができるのかは、簡単な問いではありません。

ものを作る人は誰しも、過去に作られたものに多くを負っています。作曲家も、過去の作曲家たちの音楽に多くを学び、それらを模倣する中から自分の音楽を見出していくものです。「いい音楽」へと続く道は、どこかで必ず過去を訪ねる道だ、と言ってもいいかもしれません。その道は作曲家それぞれであり、その道の先で出会う作曲家もさまざまです。

　だからこそ「いい音楽」の答えも百人百様の音楽となって現れるわけですが、にもかかわらず、どの道を選んでも、一度は確実に遭遇すると思われる作曲家がひとり、います。ベートーヴェンです。

フリーランサーとして挑み続ける

　ベートーヴェンは、封建社会が崩壊していく18世紀末から19世紀初期のヨーロッパを生きた作曲家です。王侯貴族が作曲家をお抱えの音楽家として養ってきた時代は過ぎ去ろうとしていました。どこの宮廷にも仕えることのなかったベートーヴェンは、現代に続くフリーランスの作曲家の先駆けです。

　ベートーヴェンの主な商売方法は、音楽好きの貴族たちに作品を献呈し、報酬をもらう、というものでした。宮廷のさまざまな行事のために作曲していたかつての作曲家たちとは異なり、ベートーヴェンの場合はまず、自発的に作曲をすることになったわけです。

気に入ってもらえるように作る必要も少しはあったでしょうが、ものを作る人にとって、それが最終的に何かに使われる目的があるのかないのか、というのは大きな違いです。音楽が何かの付属物でなくなったとき、音楽は純粋に聴かれるだけのものとして存在することになりました。ここに「芸術家」というものが誕生することになるのです。

また、ベートーヴェンの音楽を年代順に聴いていくと、そこには音楽上の新しいアイディアが次々と投入されていることに気づきます。ベートーヴェンの残した9つの交響曲を見ても、それぞれがまったく異なった世界を持って独立しており、そのたびごとの不断の試みが深々と刻まれています。ベートーヴェンは常に新しいものを探し続けた作曲家でした。

「いい音楽」の答えは百人百様ですが、そこには必ず「新しさ」という共通項があります。「いい音楽」へと続くどの道をたどろうともベートーヴェンと鉢合わせしてしまうのは、「新しさ」を探し続けることこそが作曲をすることであると、偉人がその生涯をもって見せつけているからにほかなりません。

新しさを追求して生まれた輝き

詩人・レルシュタープが「ルツェルン湖の月光のようだ」と言ったことから「月光」の愛称で呼ばれるようになったこの「ピアノソナタ第14番」でも、ベートーヴェンの「新しさ」への試みが随所に見られます。

まず、「幻想曲風ソナタ」と副題のつけられたこの曲は、ソナタと銘《めい》打っているにもかかわらず、第1楽章がソナタ形式ではありません。かわりに、3連符の伴奏音型の上に、旋律が静かに歌われていく音楽が用意されました。かわいらしい雰囲気の第2楽章を経て、嵐のような第3楽章へと続きますが、これら3つの楽章は続けて演奏するように指示されています。当時としてはあまり例のない試みです。

極めつけは、第1楽章の冒頭に記された指示です。ピアノにはダンパーと呼ばれる機構があります。これは、鍵盤が押されていないところの弦の振動を止めておくためのものですが、逆に、弦からダンパーを外すと鍵盤から指を離しても弦の振動は放置されます（現在のピアノでは右ペダルを使って操作します）。

ベートーヴェンは、第1楽章全部にわたってダンパーを外し続けるように指示しました。当時のピアノは現代のものに比べて残響が短かったとはいえ、ずっとダンパーを外した状態で演奏すると、和音が変わるポイントでも、前の和音が（自然に消えるまで）残るので、次の和音と混じり合うことになります。「月光」は、にわかに怪しい光を放ち始めます。

おすすめDISC

『ベートーヴェン：ピアノ・ソナタ集 第4巻　ソナタ第12番～第15番「月光」「田園」』

シフ（ピアノ）［ECM］

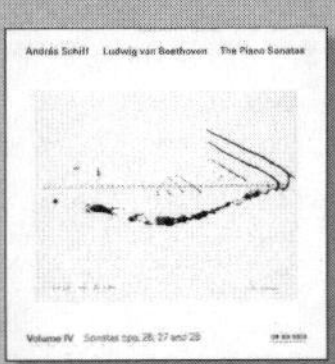

第1楽章の「右ペダル」を実践しているCD。歌うようなベートーヴェン。

壺井のツボ　ここがセンチメンタル！

ほとんど同じ風景が続く第1楽章ですが、3連符の伴奏音型が旋律を差し置いて高い音域へふわふわと上がっていくところが中間部にあります。ここは怪しさ最大です。

別れ（「25の練習曲」第12番）イ短調

作曲 ヨハン・フリードリヒ・ブルクミュラー（生1806年ドイツ～没1874年フランス）

日本のピアノ学習者にはおなじみ

子どもの頃にピアノを習っていて、「ブルクミュラー」を知らない、という人はほとんどいないでしょう。「ブルクミュラー」、正確にはブルクミュラー作曲の『25の練習曲』という曲集の、日本のピアノ教育市場でのシェアは圧倒的です。

ピアノのレッスンは、まず指を訓練するための練習曲から始まります。それらを頑張ってやり通し、数年たった頃にようやく、この「ブルクミュラー」が登場します。

それまでの無味乾燥な（全部とは言いませんが）練習曲とは違って、どの曲にも魅力的なタイトルがついており、ロマン派のスタイルで書かれた色合いさまざまな「本物の」

音楽は、ピアノを習う子どもにとって「大人の音楽」の入り口でもありました。

ブルクミュラーの旋律は魅力たっぷり

そんな「ブルクミュラー」ですが、残念ながら現在のヨーロッパでは、ほぼ知られていません。ドイツに生まれた作曲家・ブルクミュラーは、ショパンやリストが活躍していた19世紀前半のパリでピアノ教師として人気を博し、サロンで気軽に演奏できるタイプのピアノ作品を数多く書いていたようです。

生まれ故郷ではすでに忘れられてしまった作曲家の音楽が、100年の時を超えて遠く極東の島国で大ブレイクを果たしている……同業者としてちょっと胸に迫るものがあります。

この「別れ」は『25の練習曲』の12曲目です。疾風のような音型が曲全体を貫いていて、これはきっと、しんみりした「別れ」ではなく泣き叫ぶような激情型の「別れ」ですね。中間部では一転して長調になり、伸びやかな旋律が過去の楽しかったことを回想しているかのようです。

そしてなにより、4小節のイントロのかっこいいこと！　懇願《こんがん》するような悲しみのフレーズで始まり、別れゆく人の名を思わず叫んでいるかのような身振りで旋律が頂点に達します。ここをビシッと決めて、子どもたちは「小さなピアニスト」になってゆくのです。

おすすめDISC

『ブルクミュラー兄弟　ピアノ作品集』

佐藤卓史（ピアノ）［ライヴノーツ］

優しく歌うブルクミュラー。あの〝練習〟曲がこんなにいい曲だったなんて！

壺井のツボ　ここがセンチメンタル！

一応は練習曲なので、この曲も「3連符の音型をすばやく弾く」技術を修得する目的で書かれています。それにしてもいいイントロ。練習の嫌いな子どもに最高のニンジンです。

ノクターン第20番（遺作）嬰ハ短調

作曲 フレデリック・ショパン（生1810年ポーランド～没1849年フランス）

印象で決めつけてしまうのは、もったいない

「クラシック音楽の作曲家」に対する一般的な（ステレオタイプな）イメージには、どんなものがあるでしょうか。

学校の音楽室の壁に貼ってある、いかめしい顔つきで「運命」の戸を叩く「漢《おとこ》」ベートーヴェン（のような作曲家）。あるいは宮廷の貴族たちの前で演奏する、カールを巻き巻きにしたカツラ姿の「チャラ男《お》」モーツァルト（のような作曲家）。そしてもう1パターンくらい、「優男アイドル」的なイメージの作曲家がいるのではないかと思うのですが、それはたぶんショパンです。

ショパンを簡単にプロファイルしてみましょう。

・サロンで貴婦人たちに大人気の作曲家兼ピアニストだった
・音楽はとってもロマンティック、でもちょっと影がある
・年上で男勝りの女流小説家ジョルジュ・サンドとマジョルカ島へ逃避行した
・病弱

ややもすると軽薄なメロドラマになりかねないエピソードの数々（と音楽の印象）ですが、そんな色眼鏡を通してだけショパンの音楽を聴いてしまうのは少しもったいないことです。

知るほどにハマる、ショパンの音楽

ショパンの生きたロマン派の時代、多くの作曲家たちは文学的な要素を音楽に取り込んだり、創作のエネルギーにしようとしました。タイトルには詩や小説から引用された言葉が並び、何らかの物語に沿って進行する音楽がたくさん作曲されました。ベルリオー

ズのように自分の失恋話を下敷きに交響曲を書いた作曲家もいます。

しかし、ショパンの音楽にはそのような要素が（少なくとも表面上は）ほとんど見当たりません。人気曲の「革命のエチュード」「小犬のワルツ」などでも、それらのタイトルはのちの人がつけたあだ名で、正式なタイトルはそれぞれ「エチュード 作品10－12」「ワルツ 作品64－1」と大変そっけないものです。

また、ショパンの音楽は確かに「ロマンティック」ではありますが、そこには斬新な和声や意外な展開が潜んでおり、ただ甘いだけのロマンティシズムではありません。ときには聴く人をなぎ倒すような凶暴性を露《あら》わにすることもあります。

そしてもうひとつ付け加えるなら、魅力的な音楽を見せつけておいてさらりと曲を閉じてしまう鮮やかさに、ショパンの音楽の真骨頂があるのではないかと思われます。少し物足りないと感じられるほどに、くどいところがありません。ショパンの音楽は、一般的なイメージ以上に「男っぷりがよい」のです。

死後に発見された、若かりしショパンの作品

「ノクターン第20番（遺作）」は、ショパンが20歳のときの作品です。ショパンはこのとき、音楽家として大きく成長しようという希望を胸にウィーンへと旅立ったばかりでした。その矢先、故国ポーランドで起こったロシアへの抵抗と動乱に心を傷め、作曲どころではないという状況でした。

この曲は姉のルドヴィカに献呈されていますが、楽譜はいったん消失しています。ショパンの死後、楽譜の写しが発見されて出版されたという経緯から、初期の作品ながら20番という遅い番号がつけられることになりました。

そしてもともとは「ノクターン」というタイトルではなく、単にテンポ指示の言葉として「レント・コン・グラン・エスプレッシオーネ（ゆっくりと、とても表情豊かに）」と記されただけの楽譜でした。のちにルドヴィカが作ったショパンの作品カタログに、この曲について「ノクターン風の曲」と彼女が書いたところから、現在では「ノクターン」の一曲に数えられています。

作品は、ショパンのピアノ書法の典型的な形のひとつである、右手＝旋律、左手＝分散和音の伴奏、のスタイルでほぼ全曲が貫かれています。アイディア的にひねりの少ない単純な曲ですが、ピンと張り詰めた冬の夜の空気を思わせる旋律の気高さは、まさに天才の一筆です。

近年、映画『シンドラーのリスト』の重要な場面に使われるなどして、ショパンの作品の中でも人気上位の曲となりました。

壺井のツボ ここがセンチメンタル！

曲の終結部で、一陣の風のようなフレーズが計4回繰り返されますが、その風の強さは少しずつ違います。4回目に吹く風のてっぺんの音（G#）が、なんだか諦めのように聴こえます。

おすすめDISC

『ショパン：ノクターン全集』
ユンディ・リ（ピアノ）
［ワーナーミュージック・ジャパン］

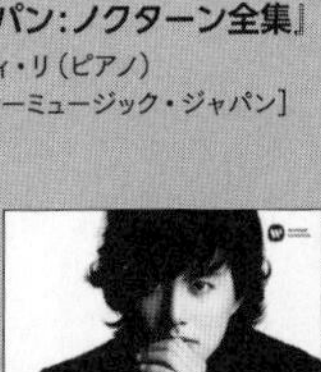

ショパンコンクール優勝のユンディ・リによる、主張のあるショパン。

前奏曲第25番 嬰ハ短調

作曲 フレデリック・ショパン（生1810年ポーランド～没1849年フランス）

ピアノに捧げたショパンの人生

ショパンは「ピアノそのもの」のような作曲家です。39年の短い生涯に、彼は作品のほとんどをピアノ独奏のために作曲しました。それらの音楽は、ピアノという楽器でしか実現できないタイプの表現に満ちています。

それは「ピアノ語」で綴《つづ》られた音楽であって、ほかの楽器へ翻訳＝編曲することが難しい類いのものですが、「その言語で語られるときに最も魅力的になる表現」というのは、文学でも音楽でも実にかっこいいものです。

ショパンは24曲セットになっている『前奏曲集』を作っていますが、この「前奏曲第25番」はそこには含まれない単独の作品です。

湧き立つ旋律が織りなす、虹のように美しい曲

大変つかみどころのない曲です。短い序奏のあと、旋回しながら上昇する音型が低音域に発生します。その音型は左手で開始されますが、途中で右手に受け渡されて、そこからすっと旋律が紡《つむ》ぎだされます。

そして、旋律が出てきたと思ったらまた次の音型が湧き立ち始めます。まるで谷底から次々と湧き上がってくる雲のようです。数え方にもよりますが、湧き立つ雲は全部で22回発生します。

上昇音型から旋律が紡ぎだされる、と書きましたが、その旋律は歌い始めようとしてもすぐに消えてしまいます。この、ちらっと聴こえる旋律の断片は、雲の隙間から差してくる陽の光でしょうか。

つまりこの曲は、旋律のようでいて旋律とは言い切れないものと、伴奏のようでいて

伴奏とは言い切れないものが渾然一体となっているのです。また、この不定形なものを表現するには、音楽の輪郭を絶妙に滲《にじ》ませる必要があり、ピアニストには繊細な右ペダルのコントロールが要求されます。正真正銘の「ピアノ語」で書かれた、虹のように美しい一品です。

おすすめDISC

『ショパン:24の前奏曲、4つの即興曲、前奏曲第25番、第26番』

アシュケナージ（ピアノ）［Decca］

一見、無色の表現が、その音楽の本当の姿を描き出す。王道のショパン。

壷井のツボ　ここがセンチメンタル!

同じようなことがずっと繰り返されていくこの曲では調もどんどん変わっていく（転調）のですが、長調から短調に変化するところがやはりぐっときます。翳《かげ》る美しさ。

予言の鳥 ト短調

作曲 ロベルト・シューマン（生1810年ドイツ～没1856年）

ロマン派の音楽は自由で文学的!?

クラシック音楽の歴史上「ロマン派」とされる時代は、おおよそ19世紀前半から20世紀に入ったあたりまでを指します。

そのロマン派の時代に作られた音楽には、「堅牢な形式よりも自由なイメージの飛躍によって展開する形式」「旋律の優位性」「古典派よりも語彙《ごい》の増えた和声」といった特徴を挙げることができます。また、「文学的なタイトルをつけるなど、音楽以外の要素を取り込む」ような、見た目にわかりやすい特徴を備えていることもしばしばあります。

ただし、ロマン派に分類される音楽ならば、これらの特徴をすべて含んでいる、というわけではありません。例えばショパンは、「優美な旋律」と「自由な形式」でロマン派のピアノ音楽の中心に存在しますが、文学的な要素を作品に取り入れることはほとんどしませんでした。

文学に通じ、批評家としても活躍

ショパンと同じ年に生まれたロマン派の作曲家で、ピアノ音楽だけでなくさまざまなジャンルに大きな仕事を残したシューマンは、「音楽以外の要素を取り込む」という点でショパンとは対照的な作曲家と言えるでしょう。

例えば、初期のピアノ曲集である『パピヨン』は、ジャン・パウルの『わんぱく時代』という小説が下敷きになっており、組曲を構成する12曲の短い小品が、物語終盤の仮面舞踏会の場面をさまざまに表しています。

また、シューマンは『音楽新報』という雑誌を自ら創刊し、論評に筆を振るっていたのですが（まだ無名だったショパンを紹介する記事中の「諸君、脱帽し給え、天才だ」

というフレーズは有名)、そこにフロレスタンとオイゼビウスというふたりの架空の人物を登場させ、意見を闘わせるという手法をよく使いました。そのうち、フロレスタンとオイゼビウスのふたりは雑誌を飛び出し、音楽作品の中にも登場するようになります。ピアノ曲集『謝肉祭』では、曲集の前半にふたりの名前をそれぞれタイトルにした曲があり(ショパン風に作曲された「ショパン」というタイトルの曲もある)、フロレスタンとオイゼビウスが加盟しているという設定の団体「ダヴィッド同盟」を、そのまま全体のタイトルにした『ダヴィッド同盟舞曲集』というピアノ曲集もあります。

このように、「音楽以外の要素」がさまざまに散りばめられたシューマンの音楽は、私たちに多角的な音楽の聴き方を提供してくれます。もちろん、「音楽以外の要素」を考慮に入れなかったとしても、シューマンの音楽の魅力が下がってしまうわけではありませんが、どうせなら合わせて楽しみたいものです。

そして、シューマン自身にとっては、「音楽以外の要素」が創作上の種であり、養分であっただろうと想像できます。しかし、「音楽以外の要素」が音楽の創作に働く、ということ自体は、文学的なタイトルをほとんどつけなかったショパンの場合にも(本人の中では）あったに違いありません。つまり、「音楽以外の要素」を最終的な作品の中にとどめるかどうかというのは、どこからどこまでを「作品」として考えるのかという、作曲家としての態度の表明なのです。

詩集に触発された作品

シューマン30代後半のピアノ曲集『森の情景』もまた、ハインリヒ・ラウベの詩集『狩の日誌』に触発されて書き上げたという背景を持っています。

シューマンは当初、すべての曲に短い言葉（ラウベの詩ではないものも含む）を付けていましたが、最終的に4曲目につけたものだけを残してほかの曲からは外しています。これは、どこまでを「音楽作品」として考えるのかということについて、シューマンの中でも幅があるということを意味しています。

この「予言の鳥」は、全9曲からなる『森の情景』の第7曲です。力を溜めたあと、ふわっと伸び上がるような音型が繰り返されます。身をよじるような、苦みばしった歌の続く暗い色調にずっと支配されながらも、研ぎ澄まされた気品の漂う、後期の傑作のひとつです。

中間部に、静かで優しい歌が置かれています。たった6小節しかありませんが、前後の厳しい音楽に挟まれたことによる強烈なコントラストが、この部分を森の中に見つけた天国的な泉にしています。

ちなみに、シューマンがこの曲につけていたテキストは「気をつけろ、目覚めて眠らないでいよ！」というものでした。

壺井のツボ　ここがセンチメンタル！

暗いだけではない、この曲の寂寞《せきばく》とした感じは、あちこちに差し挟まれる「音のない部分」が醸し出しています。音楽は「音がない」ことによっても表現されるのです。

おすすめDISC

『シューマン：子供の情景、森の情景 他』

カツァリス（ピアノ）［Teldec］

鋭角な音色、感覚に流されない考えられた表現で聴かせる確かな演奏。

ラ・カンパネラ　嬰ト短調

※最初のバージョンは変イ短調

作曲　フランツ・リスト（生1811年ハンガリー～没1886年ドイツ）

貴婦人を熱狂させた、人気の花形ピアニスト

ピアノは、ひとりで扱う音の量が非常に多い楽器です。どんな楽器でも、音楽を表現するために技術を修得することは必須ですが、求められる情報処理能力という点だけで見れば、ピアノが最も大変な楽器ということになるかもしれません。

ピアニストを目指す人たちが乗り越えなければならない山はたくさんありますが、中でもこのリストが残した作品群は最も高い山のひとつだと言えるでしょう。

リストは、作曲家であると同時にヴィルトゥオーゾ・ピアニストとしても絶大な人気を得ていました。当時、リストのライバル的存在だったショパンがサロンなど少人数の

前で演奏することを好んだのに比べ、リストは大きな演奏会場でその腕を存分に振るっています。

一晩の演奏会でひとりのピアニストがピアノ作品のみを演奏するという、現在のピアノの演奏会の形を作ったのもリストでした。

超難曲ゆえの凄みと華やかさ

若き日のリストは、超絶技巧で知られていたヴァイオリニスト・パガニーニの圧倒的な演奏に感化され、「私はピアノのパガニーニになる」と決意します。のちに彼は、パガニーニの作品の中の主題を使用した6曲からなる『パガニーニ大練習曲集』を作曲しました。この「ラ・カンパネラ」はその中の第3曲です。

この曲には、幅広い距離を高速で反復横跳びするような動きや、指のこんがらがりそうな細かい音型を高速で弾かなければならない箇所がたくさん出てきます。

この『パガニーニ大練習曲集』は、後年リスト自身が音数を減らした改訂版を作ったためにふたつのバージョンが存在するのですが、現在では改訂版で演奏されることがほとんどです。改訂版のほうが、派手な演奏効果にも音楽的な説得力が増しているように感じられます。

輝かしいパッセージを高音域に散りばめた、キラキラとまぶしいシャンデリアのような、豪華な音楽です。

おすすめDISC

『ラ・カンパネラ〜ボレット／リスト名演集』

ボレット（ピアノ）［London］

けばけばしくないリスト。大変律儀でまっとうな演奏。

壷井のツボ　ここがセンチメンタル！

リストの派手な演奏効果を「成金趣味だよね……」と昔は思っていました。今は、派手な振る舞いをする人の仮面の内側にあるペーソスも少しはわかるような気がします。たぶん。

ひばり 変口短調

編曲 ミリイ・バラキレフ（生1837年ロシア～没1910年）

ロシア5人組の活躍

19世紀後半のロシアで活躍した作曲家たちの中に、通称「ロシア5人組」と呼ばれるグループがあります。バラキレフは、そのグループの中で指導的な立場にいた作曲家でした。

ロシア的なものをクラシック音楽の中に実現しようとするこのグループの作曲家たちの指向は、「ロシア音楽の父」と呼ばれたグリンカからバラキレフへ、そして「ロシア5人組」のほかのメンバーへと受け継がれていく流れの中にあり、同時代のチャイコフスキーなど比較的ヨーロッパ指向の強い作曲家たちとは一定の距離を置く、ロシアの「国民楽派」を形作っていました。

師グリンカの作品を編曲

　バラキレフは10代の頃からピアニストとして演奏活動をするほどにピアノの演奏に長《た》けていました。また、作曲も早くから始めていますが、18歳のとき、バラキレフの才能を高く評価したグリンカから作曲の指導を受け、多くのものを受け継いでいくことになります。

　この「ひばり」というピアノ作品は、グリンカの歌曲集『ペテルブルグとの別れ』の中の一曲「ひばり」をバラキレフが編曲したものです。原曲は、ひばりの鳴き声を模した音型がピアノの高音域で演奏される物悲しい前奏から始まり、とつとつと歌が紡《つむ》がれてゆく、落ち着いた風情の作品です。

　バラキレフの編曲は、凝った装飾をほどこしたきらびやかなカデンツァ（演奏者の技巧を披露する目的で書かれた部分）が途中に差し挟まれるなど、5分ほどの演奏時間ながらピアノの演奏効果は十分な内容で、ピアニストにとってアンコール曲にちょうどいい人気の作品です。
原曲の冒頭に出てくるひばりの鳴き声を模した音型が、この編曲では歌の背景にもこっそり配置され、奥行きのある佳品に仕上がっています。

おすすめDISC

『ムソルグスキー：展覧会の絵』
キーシン（ピアノ）［RCA］

ムソルグスキーの前菜にバラキレフを置いた、さらりと清々しい一枚。

壺井のツボ　ここがセンチメンタル！

さめざめと泣く、というのはこういう旋律のことを言うのかもしれませんね。編曲にあたって、バラキレフがピアノ的にデコレートこそすれ、旋律には手を加えなかったのもわかる気がします。

舟歌 ト短調

作曲 ピョートル・チャイコフスキー（生1840年ロシア～没1893年）

三大バレエの作曲家も、若い頃は苦労を経験

6曲の交響曲、『エフゲニー・オネーギン』や『スペードの女王』などのオペラ、そしていまやバレエの定番である『白鳥の湖』といった作品を残したチャイコフスキーは、現在、まぎれもなくロシアを代表する作曲家だと言えます。

けれども、作曲家としてのスタートが比較的遅かったこともあってか、若い頃のチャイコフスキーは、精力的に作品を書きながらも経済的にはずいぶん苦労しています。

モスクワ音楽院の教師をしていた時代の最後の頃の1876年、毎月1曲のピアノ曲を雑誌に連載する依頼が舞い込みました。生計の足しになるその依頼をチャイコフス

キーは喜んで引き受けます。

「6月」をイメージした曲は、メランコリーな舟歌

その出版社へチャイコフスキーが書き送った手紙が残っています。

「私にこのような高い印税を払ってくださるというお申し出に、大変感謝します。あなたのお顔に泥をぬらないよう努力します」

「書き直しをお望みでしたら、どうか遠慮しないでください。あなたは私にこのような大変なお金を払ってくださるのですから、どのような変更、補足、削除、そして改作も要求する権利をお持ちです」（森田稔『新チャイコフスキー考』日本放送出版協会より）

ほかにも、まだ書いていない曲の印税の前払いを懇願する手紙もあります（同じ作曲家のはしくれとして、いろいろ身につまされます……）。

連載1年分、全部で12曲のピアノ曲はその後『四季』というタイトルでひとつの曲集にまとめられ、いまではチャイコフスキーのピアノ曲の中でも大変人気の高い作品にな

りました。その中の6月の曲が、この「舟歌」です。
船をこぐような動きをする伴奏の上に、音階を上る形のシンプルな歌が伸びやかに歌われます。ほろっとする、メランコリーがあります。

おすすめDISC

『チャイコフスキー：〈四季〉6つの小品』

プレトニョフ（ピアノ）
［ワーナーミュージック・ジャパン］

慈しむような歌い口で、チャイコフスキーのもうひとつの側面を見せてくれるピアノ小品集。

壺井のツボ

ここがセンチメンタル!

同じような形の旋律が1回目と2回目では少し変化して、和音も変わる。悲しんでいる顔つきにふっと笑みがよぎったりするのに似て、そこにぐっときます。渋い俳優さんみたい。

スラブ舞曲集第2集第2番（第10番）ホ短調

作曲 アントニーン・ドヴォルジャーク（生1841年チェコ～没1904年）

心に響く旋律で魅了するメロディメーカー

「遠き山に　日は落ちて」。キャンプファイヤーで歌ったことのある方も多いのではないでしょうか。夏の夜を少しだけしんみりさせてくれるこの歌は、チェコを代表する作曲家・ドヴォルジャークの「交響曲第9番『新世界から』」の第2楽章に登場する旋律に日本語の歌詞をつけたものです。

原曲では、ソロを受け持つイングリッシュホルン（2枚のリードを持つ木管楽器で、音色はチャルメラや篳篥《ひちりき》に似ている。オーボエの同族楽器で、オーボエより音域が低い）の音色が、民謡風の旋律をさらに郷愁で彩ります。

誰にでもすぐに覚えることができて口ずさめる旋律。ドヴォルジャークは、平易な方向に突き抜けた、希代のメロディーメーカーです。

ブラームスが認めた才能

ドヴォルジャークは遅咲きの人でした。18歳でオルガン学校を卒業したあと、オーケストラのヴィオラ奏者を11年務めています。

生活は貧しく、作曲に使うピアノを買うこともできないほどでしたが、まったく無名のこの時期に彼は、交響曲を2曲、オペラを2曲作曲しています。演奏されるあてのないまま、交響曲やオペラといった大規模な作品を人知れず書き続けるのはなかなか信念のいることです。

チェコ民族の苦難の歴史と祖国への愛を歌った合唱曲「賛歌」で、ようやく作曲家としての成功を手に入れることができたとき、彼は31歳になっていました。

その後、少しずつ活動の場を広げていったドヴォルジャークですが、彼の作曲家としての道を大きく切り開くことになったのは、この頃オーストリア政府が行っていた若い芸術家たちへの奨学金制度でした（当時、ボヘミア地方はオーストリアの統治下にあったため、ドヴォルジャークにも応募資格があった）。

応募した作品は高く評価され、ドヴォルジャークは数年にわたって多額の奨学金を獲得します。そしてその奨学金制度の審査員の中に、ドイツ音楽界の重鎮のひとりであったブラームスがいたことが、ドヴォルジャークにとって大きな意味を持っていました。ドヴォルジャークの才能を認めたブラームスは、ドイツの楽譜出版社・ジムロックに彼を売り込みます。

ほどなくして出版された作品は大変な売れ行きで、気をよくした出版社はドヴォルジャークに新作を依頼、ブラームスの『ハンガリー舞曲集』のような、ボヘミア風、もしくはスラブ風のピアノ連弾曲集を、という注文に応えて作曲したのが『スラブ舞曲集（第1集）』です。8曲からなるこの曲集もまた大変な評判を呼び、ヨーロッパの片田舎の作曲家から世界的な作曲家への飛躍は、ここから始まることになりました。

スラブ風味に満ちた大ヒット作

『スラブ舞曲集』には、1878年の第1集と1886年の第2集があります。既存の民謡を使ったブラームスの『ハンガリー舞曲集』とは異なり、どちらも、スラブ地方のさまざまな舞曲の特長を生かしたドヴォルジャークのオリジナルです。

この第2集の第2番（第1集からの通し番号で第10番と呼ばれることもある）は、ドゥムカと呼ばれる民謡形式で書かれています。

狭い音程で上下に行き来したあと、滑るように下ってゆく美しいフォルムを持った旋律で曲は始まります。深い哀愁を湛えた旋律ですが、決して深刻にならないのはドヴォルジャークならではのものでしょう。

軽く飛び跳ねるようなリズムがかわいらしい中間部では、長調に転じて少し華やいだ雰囲気になりますが、その中で唐突に短調に転じてフレーズを閉じる部分があり、不思議なユーモアを醸《かも》し出しています。これは予想外の「オチ」です。

原曲はピアノ連弾ですが、のちに作曲者本人によってオーケストラ版が作られています。

壺井のツボ　ここがセンチメンタル！

楽譜には、大きく膨らんでまた小さくなる音量の指示があちこちに書かれています。この表現はオーケストラ版で、より体感しやすいでしょう。音楽の呼吸に身をまかせて聴いてみては。

おすすめDISC

『ドヴォルジャーク：スラヴ舞曲集（全曲）』

フィッシャー（指揮）／
ブダペスト祝祭管弦楽団 [Philips]

濃い目の味付け。ドヴォルジャークの演奏には田舎臭さも大事。

私たちの村の夕べ　嬰ハ短調

作曲　レオシュ・ヤナーチェク（生1854年チェコ～没1928年）

個性が光るチェコの作曲家

ヤナーチェクは、スメタナやドヴォルジャークに続くチェコの国民的作曲家のひとりです。長らくオーストリアの支配下にあったチェコにあって、先輩作曲家・スメタナが始めた「チェコ語台本によるオペラ」を受け継ぎ、生涯に11作ものオペラを書き残しています。

ヤナーチェクの音楽は非常に個性的です。たいていの場合、旋律は長く続かずに細切れに歌われます。曲の構成はぶつ切りの音楽を並べたような作りになっていることが多く、無骨な印象を受けるかもしれません。

また、早口で急き立てるようなフレーズが突然飛び込んできたりと、ヤナーチェクの音楽はなかなかエキセントリックです。

楽器の使い方も独特で、通常ならピアノが弾くような分散和音の音型をヴァイオリンに、高音域で、しかも高速で弾かせたりします。

ほかにも、もしかしたらこの人は作曲が下手なのではないか？ と思ってしまうような楽器法がいろいろあるのですが、実際の音を聴くとそれらはすべて、個性的なヤナーチェクの音楽に必要な所作だったということに気づかされます。

「らしく」て優しいピアノ作品

この「私たちの村の夕べ」は、ピアノ小品集『草陰の小道にて 第1集』の第1曲です。もともと、この曲集の中のいくつかの曲はハーモニウム（小型のオルガン）のために書かれていましたが、のちにヤナーチェク自身がピアノ曲集としてまとめ直しました。

穏やかな民謡風の旋律で曲は始まります。ここでも、旋律は息の短いフレーズの接続から作られており、2拍と3拍の不規則な組み合わせの拍子で音楽は進んでいきます。舌足らずな子どもが何かを訴えているかのようなこの曲の愛らしい印象は、このあたりからくるのでしょう。

曲の中程で、早口なフレーズがやや不安な面持ちで飛び込んできますが、全体としては優しさにあふれた佳品です。

おすすめDISC

『ヤナーチェク：ピアノ作品集』
パーレニーチェク（ピアノ）［Supraphon］

無骨な音色と表現、脱色されていないヤナーチェク。

壺井のツボ　ここがセンチメンタル！

この曲が含まれる曲集の続く9曲もまた、ほのぼのと懐かしさを感じさせる絵本のようです。かわいらしい妖怪が出てくる感じの。郷愁のセンチメンタル。

エヴォカシオン 変イ短調

作曲 イサーク・アルベニス（生1860年スペイン〜没1909年）

待望の「スペイン人」作曲家

スペインの音楽には独特の色彩とリズムがあります。生命の喜びと運命のはかなさを同時に歌い上げるようなフラメンコ音楽は激しいコントラストで聴く者をくらくらさせ、血を沸き立たせる多彩なリズムは、本来音楽が内包する身体性を強烈に呼び起こします。

ほかのヨーロッパの国々にはない、まぶしく官能的なスペイン音楽の魅力に、とりわけロマン派から近代にかけて、多くの作曲家たちが虜《とりこ》になりました。例えば、フランスのラロは1875年に「スペイン交響曲」を、ロシアのリムスキー＝コルサコフは

1887年に「スペイン奇想曲」を作曲しています。

けれども、「スペイン人」作曲家による「スペインの」音楽は、他国の作曲家たちによる熱烈な「スペイン愛」に少し遅れてやってきました。ようやくやってきた最初の「スペイン人」作曲家が、「サンチョの風貌をしたドン・キホーテ」こと、アルベニスです（もちろんそれ以前にもスペインに作曲家はいましたが、当時ヨーロッパで盛り上がりつつあった、民族的な特徴を盛り込んだ国民音楽を作る作曲家、という意味です）。

スペインとピアノの最高の組み合わせ

12歳の時、たったひとりで南米へ渡航したアルベニス少年は、各地でピアニストとして演奏会を開いて旅費を稼ぎ、その後も南北アメリカとヨーロッパを放浪して歩きます。途中、ドイツとベルギーで音楽学校に通う時期もありますが、23歳で結婚するまで、アルベニスはピアニストをしながらの旅芸人生活を続けました。

並外れた技巧のピアニストだった「作曲家」アルベニスの作品は、したがってそのほとんどがピアノ独奏のために書かれています。

初期には、サロン風で客受けのいいスタイルで作曲していましたが、スペインの民族性に根ざした音楽の必要性を訴えていた作曲家・ペドレルとの出会い以降、次第にスペインの伝統的な音楽の要素を取り入れた作品を発表するようになります。

1905年から08年の間に書かれた組曲『イベリア』は、3曲ずつ、4巻に分かれた全12曲からなっています。作品はどれも、スペインの民族性をまといながら、深い思索を感じさせるものです。

また、ピアノの演奏技術の限界に近い試みも随所にあり、楽器としてのピアノの可能性をとことんまで追求した作品としても、貴重なものです。

金字塔と呼ぶにふさわしい、晩年のアルベニスが到達した最高傑作です。

あえて選んだ、楽譜の読みにくい「変イ短調」

「エヴォカシオン（＝喚起・思い起こすこと）」と題された、組曲の第1曲目を飾るこの曲は、中間部でわずかに盛り上がる以外、終始、弱音で演奏するように指示が書かれています。

にもかかわらず、冒頭の旋律からぞっとするほどの情念がひたひたと迫ってきます。静けさの中にたぎるマグマのようです。

この曲は、変イ短調（調号にフラットを7つ使う）という調が使われているのですが、この調で書かれた楽譜は非常に読みにくいものです。

楽譜上は、移調（例：カラオケで自分のキーに合わせるために音を上げたり下げたりすること）せずに嬰ト短調（調号にシャープ5つを使う）に書き換えることが可能で、そちらのほうがずっと読みやすくなります。書き換えても、弾かれる鍵盤はまったく同じなので、聴く人にはその違いはわかりません。

ではなぜアルベニスは、楽譜の読みにくい、変イ短調という調をわざわざ選んだのでしょう。シャープという記号は、ある音を半音「上げる」記号であり、フラットは「下げる」記号です。この「上げる、下げる」という感覚が、演奏者の心の中で、気分の「上下」と結びつく、ということはあり得ることです。

アルベニスは、あえて変イ短調という調で書くことで、この曲の「ほの暗さ」を演奏者に強く印象づけようとしたのではないか、と思われます。

おすすめDISC

『アルベニス：組曲「イベリア」全曲』
ラローチャ（ピアノ）［Decca］

スペイン音楽の「粋」を聴くならまずはこの人。背筋のいい音楽。

壷井のツボ　ここがセンチメンタル！

諦めの混じった冒頭の歌と、テノールの音域で歌われる中間部の明るい（はずの）旋律が、ほとんど同じニュアンスを持っていることに慄然とします。人生は明るく暗く、そして暗く明るい！

サラバンド 嬰ハ短調

作曲　クロード・ドビュッシー（生1862年フランス〜没1918年）

自由を求めた革命家、ドビュッシー

歴史は、ひとりの革命的な人物の行為によって突然進むのではなく、多くの人々のさまざまな試みが積み重ねられた先に変わっていくものでしょうが、それでも、決定的な役割を担い、最後の引き金を引くことになる人物はいます。

ドビュッシーは、19世紀末に爛熟を迎えていたロマン派の最後の壁を突き崩し、近代への扉を開くことになった、クラシック音楽の歴史上極めて重要な作曲家のひとりです。

ドビュッシーは10歳でパリ音楽院に入学、当初はピアニストを目指していましたが、途中で作曲へ転向します。しかし、早くから現れていたドビュッシーの個性的な指向は、音楽院で教えられるそれまでの音楽の規則とはなかなかそぐいませんでした。

ローマ大賞（※）を3度目の挑戦でようやく受賞するものの、「古びて通用しなくなった定式にではなく、自由の中に探すべき規律」を音楽に追い求めたドビュッシーは、中央の楽壇に入り込むことを選ばず（できず）、長い間ボヘミアン的生活を続けます。

オペラ『ペレアスとメリザンド』の成功で作曲家としての地位を確かなものにするのは1902年、ドビュッシー40歳の年でした。

個性と開かれた視点で、次世代の扉を開く

ドビュッシーの音楽を「印象主義」と呼ぶことがあります。これはもともと、ドビュッシーの新しい音楽を理解しない、楽壇の中の古い人々によって貼られた悪意あるレッテルでした。

一般に「印象主義」という言葉は、19世紀後半に活動したモネやルノワールといった画家たちを指して使われます（彼らに対してももともとは批判的な文脈で使われまし

た)。しかし、光と影の質感を写し取る彼らの絵画と、ドビュッシーの音楽に感じるあいまいな輪郭線とでも言うべき「印象」は、結果的に、似ていないこともありません。

ドビュッシーが使用した新しい音楽語法は、本当に、数多くあります。そのひとつに「和音を平行移動させる」というやり方がありますが、これはまず響きとして新しく、同時にそれまでのクラシック音楽が培《つちか》ってきた和音どうしの強固な関係性を、ある部分「無視する」ような形で解体する効果を持っていました。

また、ドビュッシーは1889年のパリ万国博覧会でジャワ島のガムラン音楽を聴いています。どんな世界も、その世界が大きく変動するとき、そのきっかけとなる要因はたいてい外部からの新しい視点や価値観の流入です。この体験によって、ドビュッシーは「ヨーロッパ音楽をヨーロッパの外から見る」という視点を得たのです。

ヨーロッパの中で発展を続けてきたクラシック音楽が飽和しつつあったという状況と、ドビュッシーのもともとの強い個性、そして「外からの視点」がドビュッシーに与えられました。新しい時代への扉の鍵は、彼の手に渡ることになったのです。

新しい響きと、過去の音階

「サラバンド」は、30代前半の頃に書かれた、比較的初期の作品です。擬古的な組曲の形をとった、3曲からなる「ピアノのために」の第2曲です。

この曲でも、和音の平行移動があちこちに登場します。「和音どうしの関係性」から生まれる「音楽を推進する力」は希薄になり、和音は旋律を彩る「音色」に変化します。

例えば、曲が始まって少しのところに現れる、低音域で和音が行きつ戻りつするところでは、「属7の和音（特定の和音へ進もうとする指向性を強く持っている和音）」が平行移動をしています。平行移動の結果、属7の和音はその機能を失い、音楽を彩る音色になっているのです。大変怪しく、魅惑的な部分です。

また、曲の中間部で、高音域に上り詰めたところからゆっくり下ってくる部分も、和音のかたまりが平行移動をしています。楽譜で見るとまるでぶどうの房がたくさん連なっているかのようですが、何かがきらめきながら静かに地上に舞い降りてくるような美しさは、この作品の白眉でしょう。

　また、この曲の旋律はほとんどの部分がエオリア旋法という音階でできています。この音階は、教会旋法と言われる、バロック以前に使われていた音階のひとつです。
　この教会旋法のいくつかが、長調、短調の2種類の音階に発展し、バロック―古典派―ロマン派と続くクラシック音楽の黄金時代を作り上げていくわけですが、ドビュッシーはそれより「古い」音階を、それより「新しい」和音の使い方の中に甦らせたのです。

※ローマ大賞＝フランスのアカデミーが行っていたコンクールで、作曲部門がある。受賞するとローマ留学が与えられた。

おすすめDISC

『ドビュッシー：ピアノ曲集』
ロジェ（ピアノ）[Decca]

優しいピアノの音色。フランスを代表するピアニスト。

壺井のツボ　ここがセンチメンタル!

曲の中間部の、和音のかたまりが高音域からゆっくりと降りてくる部分はほんとに美しい!　時間を止めてしまうようなまばゆさに、不思議な憧憬を感じます。

樅《もみ》の木 ロ短調

作曲 ジャン・シベリウス（生１８６５年フィンランド～没１９５７年）

隠れた魅力、ピアノの小品

フィンランドを代表する作曲家・シベリウスの音楽と言えば、やはりオーケストラ曲ということになるでしょう。

「クレルヴォ交響曲」で国民的作曲家になったあと、シベリウスは自国の文学的素材を用いた管弦楽曲を精力的に発表していきます。また、７番までの番号付き交響曲は、クラシック音楽の交響曲史的にも非常に重要な地位を占めている作品群です。

偉容を誇るオーケストラ作品の陰に隠れてあまり注目されることはありませんが、シベリウスには実に１００曲を超えるピアノ曲があります。フィンランドにおいて、音楽界を越えた存在であったシベリウスの、いわば表の顔としてのオーケストラ作品とは違って、ピアノ曲の多くは小品であり、さりげない佇《たたず》まいをしているものがほとんどです。ピアノ音楽の領域は、シベリウスにとって肩肘張らない場所だったのかもしれません。

シベリウスの個性が生のまま転がっているような、身近なひとりの人としての作曲家を、そこに感じることができるように思えます。

心に沁みる「樹」の旋律

「樅の木」は、5曲それぞれに木の名前がつけられた『5つの小品 作品75（日本では「樹の組曲」と呼ばれることも多い）』のラストを飾る作品です。

短い即興的なアルペジオの序奏に続いて、ゆったりとした3拍子の旋律がテノールの音域から始まります。曲の中程で再びアルペジオが現れますが、今度はすぐには収まらず、音楽をひとしきりかきみだしてゆきます。一陣の風にあおられる樅の木の表情でしょうか。

再び静けさを取り戻した中にとつとつと語るような主題が戻ってきて、ためらいがちに曲は閉じられます。

おすすめDISC

『村の教会〜シベリウス：ピアノ名曲集』

舘野泉（ピアノ）
［ユニバーサル ミュージック］

フィンランド音楽の第一人者・舘野泉の、ロマンティックなシベリウスアルバム。

壺井のツボ　ここがセンチメンタル！

3拍子の伴奏がふと、途切れるところがあります。映画で、登場人物が喋っている最中に大変な真実に気づいてしまって思わず言いよどんでいる、みたいな感じがします。

グノシエンヌ 第1番 ヘ短調

作曲 エリック・サティ（生1866年フランス〜没1925年）

サティは奇才？ 変人？

「ひからびた胎児」「（犬のための）ぶよぶよした前奏曲」「官僚的なソナチネ」。これらは、サティの曲のタイトルの一部です。

彼は、楽譜の中にも言葉をたくさん書き込みました。もちろん、サティ以外の作曲家の楽譜にも、演奏者に意図を伝えるための言葉がある程度書いてあることが普通で、「表情豊かに」「歌うように」など、定型化された言葉がよく使われます。

しかし、サティが書き込んだ言葉の多くは演奏上の指示としては一般的でなく、中にはほとんど意味不明なものもあります。

美しくてユーモラスでセンチメンタル

初期に作曲されたこの「グノシエンヌ第1番」にも、奇妙な言葉が登場します。

例えば、ある場所には「舌の上にのせて」と書かれているのですが……これを読んだ演奏者はどのように演奏すればいいのか迷ってしまうでしょう。しかし別の場所には「つややかに」「問いかけて」等と書かれており、このくらいなら意味がわからないでもありません……とはいえ、そもそも具体的な意味を持たない「音楽」のニュアンスを「言葉」で説明しようとするとき、この「わかる／わからない」という判断基準は、はたして妥当なものだと言えるのでしょうか。

サティの奇妙な言葉の数々は、言葉＝意味で音楽を理解しようとすること（理解したつもりになること）への、ユーモアに満ちたサティ流の皮肉、と受け止めるべきなのかもしれません。

この曲は、最後まで同じリズムパターンの伴奏形の上に、よく似た形の旋律が繰り返されていくだけの、骨組みだけの建物のような、素っ気ない作りをしています。何も表現しようとしていないかのようでいて、あるときは美しく、あるときはユーモラスに、またあるときはセンチメンタルにも聴こえてくる、不思議な音楽です。

　聴く人の気分や状況が映り込むことで、空っぽの器《うつわ》もまた、音楽になり得るということかもしれません。

おすすめDISC

『サティ：ピアノ作品集（1）』

高橋悠治（ピアノ）［日本コロムビア］

高橋悠治の、つや消しの音色が美しいサティ名曲集。

壺井のツボ　ここがセンチメンタル！

旋律には、この曲を作曲する直前にパリ万国博覧会で聴いたというルーマニアの民族音楽の影響がありそうです。しかし民族音楽的な野性味はまったくなく、ひょろっとした男がニヒルを装っている、そんな感じのペーソスに満ちています。

アンダルーサ ホ短調

作曲 エンリケ・グラナドス（生1867年スペイン〜没1916年）

よりスペインらしく、よりロマンティックに

7歳年上のアルベニスと並び、グラナドスはスペイン独自の音楽のあり方を示した作曲家として知られています。

アルベニスとグラナドスはともにすぐれたピアニストでもあったため、ピアノ曲を多く作曲していることなどが彼らに共通するところですが、グラナドスの作品は先輩アルベニスのそれと比べて、よりロマンティックな表現に傾いており、歌心に富んだ旋律にあふれています。グラナドスについて、同郷のチェリスト、パブロ・カザルスは「彼は、私たちのシューベルトだ」と言っているほどです。

「アンダルーサ」は、グラナドスの出世作と言える『スペイン舞曲集』の第5曲です。

この曲集に含まれる作品（全部で12曲）はどれも、シンプルな構成、キャッチーな旋律、また演奏技術的には比較的容易で、さまざまなスペイン風味を味わえる人気作となっています。なかでもこの「アンダルーサ」は、ギターのつま弾きを思い起こさせる伴奏音型が特徴的で、ギターに編曲されたものも大変よく演奏されています。

「楽譜には書けないもの」が聴衆を魅了

グラナドスは即興演奏にもすぐれた人でした。

あるとき彼は、自作曲をプログラムした演奏会を開きます。その演奏会で、グラナドスの弟子のひとりが譜めくり係を仰せつかっていたのですが、先生は途中で楽譜にないことを弾き始めてしまいます。弟子は楽譜をめくるタイミングを失って慌てますが、やがて音楽は楽譜に書かれてあるところに戻ってきて、弟子はどうにか無事に役目を終えたのでした。

もちろん、この「アンダルーサ」の楽譜にはきちんと音符が記されていますし、強調すべき音や、テンポの変化についての指示もあちこちに書かれています。けれどもこの曲は、楽譜に書かれてある指示通りに演奏しただけでは、とても味気ないものになってしまうタイプのものです。

この曲の楽譜は、自由な音楽のためのメモ、だったのかもしれません。

壺井のツボ　ここがセンチメンタル!

「泣き節」をどう演奏するか、いろいろな演奏家の聴き比べが楽しい曲ですが、ところどころの、一歩引いた歌い方が求められる部分をどれだけ「粋《いき》」に歌えるか、が最大の聴きどころです。

おすすめDISC

『入江のざわめき～スペイン・ピアノ名曲集』

ラローチャ（ピアノ）［Decca］

芯《しん》は瑞々しく、同時にカラッとした感触のピアノの音が美しい。

嘆き、またはマハと夜鳴きうぐいす 嬰ヘ短調

作曲 エンリケ・グラナドス（生1867年スペイン～没1916年）

ゴヤの世界に刺激を受けて、生まれた作品

『スペイン舞曲集』の成功で、グラナドスはスペイン民族主義の作曲家として、広くヨーロッパで知られるようになりました。

ピアニストとしても精力的な活動を展開するかたわら、自身について「私は音楽家ではなく、芸術家である」と語っていたグラナドスは、絵を描くこともあったようです。

絵画への興味の中で、とりわけゴヤの世界に魅入られていたグラナドスは、次第にゴヤの絵から受けた印象を音楽にしたいと思うようになっていきました。そうして1898年から書き始められた一連の作品は、13年の年月を経て、『ゴイェスカス（ゴ

ヤ風の音楽)』という6曲からなるピアノ組曲として結実しました。

むせかえるほどに、せつなくて官能的な旋律

「嘆き、またはマハと夜鳴きうぐいす」は『ゴイェスカス』の第4曲です(「マハ」は粋な女性、「夜鳴きうぐいす」はナイチンゲールのこと)。せつない旋律が、あやしい半音で彩られたハーモニーを引きずって、自由な展開を見せつつ何度か繰り返されていきます。

この曲の、崩れ落ちるほどに熟した果物のようなロマンティシズムは、スペイン民族主義の作曲家として立つより以前からの、ショパンとシューマンへの深い心酔から音楽人生をスタートした「ロマン主義者・グラナドス」ならではのものと言えるでしょう。

グラナドスはのちに、大きな評判を得た『ゴイェスカス』を三幕からなるオペラに作り替えます。当初はパリ・オペラ座で初演の予定でしたが、第一次世界大戦の勃発で延期になってしまいます。その後、ニューヨークのメトロポリタン歌劇場で初演されるこ

とになりますが、船が嫌いだったグラナドスは恐怖に堪えながら大西洋を渡りました。
　初演は大成功を収めます。ところがその帰路、彼の乗った船はドイツの潜水艦の攻撃を受けて沈んでしまうことになるのです。早すぎる48年の生涯でした。

おすすめDISC

『グラナドス：ゴイェスカス（全曲）／わら人形』

ラローチャ（ピアノ）［London］

明快に筋の通った、それでいてロマンティシズムあふれる演奏。

壺井のツボ　ここがセンチメンタル！

むせかえるほどにセンチメンタル。でも、最後に出てくる「夜鳴きうぐいす」の鳴き声を模した部分はとてもすがすがしく、それまでの濃厚なロマンティシズムを洗い流してくれます。

練習曲 作品2-1 嬰ハ短調

作曲 アレクサンドル・スクリャービン（生1872年ロシア生～没1915年）

スクリャービンの劇的な変化

当然ですが、作曲家は一生ずっと同じような曲を書き続けるというわけにはいきません。「ファンに飽きられてしまうから」というよりも、作曲者自身が先に飽きてしまうからです。まあ、ひとつ曲を書けば普通は何かしら次の課題が見つかるものですし、その時代のムーブメントに影響されたりして指向も変わっていったりします。だから、ひとりの作曲家の作品でも、書かれた時期によって音楽の風貌はある程度違ってくるわけです。

中には、初期と晩年ではまるで違っていて、到底同じ作曲家が書いたものとは思えない、ということもあります。

ロマン派後期から近代にかけてのロシアに現れた異才・スクリャービンは、そのような劇的な変貌を遂げた作曲家でした。

ロマン派から前衛へ

この「練習曲 作品2－1」は、スクリャービン最初期の作品である「3つの小品」の第1曲です。優れたピアニストでもあったスクリャービンはこの頃、ショパンの音楽に大きく影響されたロマンティックな音楽を書いています。

しかし、その後のスクリャービンは、ニーチェの超人思想を経て神秘主義に傾倒し、近代音楽の幕開けという激動の時代にも突き動かされて、性急な進化の道をひた走ることになりました。「神秘和音」と名付けた独自の和音システムを用い、交響曲第5番『プロメテウス』では本人考案の「色光ピアノ」を使って「照明」までをも持ち込んで、音楽の枠を超えた芸術を希求し始めます。

スクリャービンが最後に到達した前衛的な晩年のピアノソナタ群は、かつて情感たっぷりに悲しみを歌い上げていた若き日の「練習曲 作品2－1」からは驚異的な距離にあります。しかも、わずか43年という短い人生のうちに……。ひとりの作曲家のたどった目まいのするような軌跡に、思わずおののかずにはいられません。

壺井のツボ ここがセンチメンタル！

同じく嬰ハ短調で書かれたショパンの「練習曲 作品25-7」に結構似ていますが、ショパンのそれよりも深く哀愁に沈んでいます。このへんがロシア、なのかも。

おすすめDISC

『スクリャービン：ピアノ・ソナタ全集』

小山実稚恵（ピアノ）
［Sony Music Japan International］

スクリャービンの主要なピアノ作品を網羅した3枚組。

親指小僧 ハ短調

作曲 モーリス・ラヴェル（生1875年フランス～没1937年）

完璧主義のラヴェルの音楽は、隙のない美しさ

ラヴェルは、少し先輩の作曲家・ドビュッシーと並べて語られることの多い作曲家です。フランス近代音楽の重要な作曲家であるふたりの音楽に、同じ国でほぼ同時代を生きた作曲家の仕事として似通っているところがあるのは当然でしょう。

例えば、それまでのクラシック音楽にはなかった「おしゃれな」響きの和音や、東洋的な香りを漂わせる音階を頻繁に使用するところなどが共通していると言えます。しかし先輩ドビュッシーの音楽の持つどこか茫洋《ぼうよう》とした印象とは異なり、ラヴェルの音楽は、輪郭のはっきりした、もっと透明度の高いものを連想させます。クリスタルな音楽、と

言ってもいいかもしれません。

完璧主義だったラヴェルは、作品が完全な形に完成するまで、創作過程を人に見せることはありませんでした。そんなラヴェルの作品には、徹底的に磨きぬかれた美しさがあります。それは同時に、人工的な冷たさを感じさせる美しさでもあります。

おとぎ話の世界を見事に表現

「親指小僧」は、ピアノ連弾用の組曲『マ・メール・ロワ』の第2曲です。この組曲は、おとぎ話に基づく5つの曲から構成されており、ラヴェルの作品の中でも比較的シンプルで旋律も親しみやすいものです。

「森の中でパンくずを撒きながら歩いていたけれど、小鳥に食べられてしまって迷ってしまう」というストーリーの「親指小僧」では、森の中を歩いてゆく不安げな情景が、うねうねと続く2本の伴奏の線によって見事に表現されています。

組曲全曲がラヴェル本人によってオーケストラに編曲されています。ラヴェルはオーケストレーション（管弦楽法）の技術に大変優れていました。作曲家のストラヴィンスキーはラヴェルを「スイスの時計職人」と評していますが、この曲の中盤に現れる鳥の声の描写の精緻さは、まさに「職人」の仕事と言うほかありません。

おすすめDISC

『ラヴェル：マ・メール・ロワ、クープランの墓 他』

デュトワ（指揮）／モントリオール交響楽団［Decca］

前奏曲などが追加された「バレエ版」のマ・メール・ロワ。

壺井のツボ　ここがセンチメンタル！

曲がりくねった森の中の道をとぼとぼと歩きながら、でも道端に面白いものでも見つけて表情が明るくなったかのようなところもあり、とにかくかわいらしい旋律。

悲しい鳥 嬰ハ短調

作曲 フェデリコ・モンポウ（生1893年スペイン～没1987年）

内気で繊細なピアノの詩人

ピアノ音楽に功績を残した作曲家はたくさんいますが、モンポウもまた、ピアノという楽器から独自の世界を引き出した作曲家でした。94歳の長寿を全うするまで、その生涯に残した作品の多くはピアノのために書かれています。

「私の目的は、最も研ぎ澄まされた内なる耳でも容易には出会えないような響きを創りだすことでした」

自らの音楽についてそう語るモンポウの作品には、繊細に、少ない筆致で描かれた、まさにこれしかないという音が選び抜かれて並んでいます。結果として、技術的には難易度もさほど高くなく演奏時間も短い小品がほとんどですが、その虚飾のない表現は、音と音のはざまに音楽を聴くような体験をもたらしてくれます。

非常に内気な性格でもあった彼は、大事なことをこっそりと言う「ピアノの詩人」でした。

延びたタイの先にある、「悲しい鳥」の響き

曲は、誰に語るでもないつぶやきのような音型から始まります。透明な和音に彩られた旋律が静かに歩を進めてゆき、フレーズの終わりにもう一度、冒頭のつぶやきの音型が今度は問いかけのように繰り返されます。

弱音ですばやく、エコーのように繰り返されるところもあります。しんと静まり返った森の奥から聞こえてくる鳥の声なのでしょうか。

楽譜を見てみると、あちこちの音符から、タイ（弧状の線で書かれる、本来は音符と音符をつなげるための記譜法）が何もない空白の五線上に延びていることに気づきます。

このような「行き先の音符のないタイ」は、右のペダルを使った余韻の効果を視覚的に暗示する方法として、近代以降のピアノ作品には時々見られる書き方です。

　モンポウも同様の理由からこのようなタイを書き込んだと思われますが、その延びたタイの先にこそ、モンポウの言う「容易には出会えないような響き」が隠されているのかもしれません。

壺井のツボ　ここがセンチメンタル！

森の奥から聞こえてくる鳥の声のような、弱音ですばやく繰り返されるフレーズに、思わず息をひそめてしまいます。余白たっぷりの中にある音だからこそ、光るのです。

おすすめDISC

『モンポウ・リサイタル』

ラローチャ（ピアノ）［London］

作曲者本人と親交のあったラローチャが弾くモンポウ作品集。

即興曲第15番 エディット・ピアフを讃えて ハ短調

作曲 フランシス・プーランク（生1899年フランス～没1963年）

自然体の優しい音楽

芸術がそれまでになく急速な進歩を遂げる20世紀前半を生きた作曲家としては、プーランクは決して進歩の側にいた作曲家ではなかったかもしれません。プーランクの音楽にあふれるウィットに富んだ旋律と、ときに甘すぎるハーモニーは、長い間、彼をまじめな作曲家として認めないような風潮を生むことにもなりました。

プーランクは、ポピュラー音楽でよく使われるような要素を、ごく自然に、自分の作品の中に取り込んでいます。気取りや衒《てら》いの感じられないプーランクの音楽は、大人になっても読み続けたい大切な絵本のようです。

歌姫ピアフに捧げた大人の響き

シャンソン歌手、エディット・ピアフに寄せて作曲されたこの「即興曲第15番」では、短い序奏に続いて登場する主題が、「反復進行（ふたつ以上の和音の組み合わせが、その高さを変えて何度か繰り返されるもの）」で始まります。

ここで使われている「反復進行」は大変印象的に聴こえる種類のもので、ポピュラー音楽の「サビ」の部分にしばしば登場する定番の和音進行です。「サビ」を冒頭に持ってきて、聴く人の心をまず最初にわしづかみにしてしまうという作曲上の作戦もポピュラー音楽ではよくあることですが、この曲もまた同様に、そんな「サビ」から始まっているわけです。

この曲のラストはなかなかおしゃれです。アルペジオで上昇していくフレーズが、曲の最後の和音のひとつ手前にありますが、このフレーズは長調の響きを持ちながら、絶妙な音のブレンドによって短調がにじんでいます。そしてそのあとの和音で、再び短調に戻ってしまうのです（短調の曲の最後が長調で終わるというパターンはよくありますが）。喜びと悲しみが交錯する、大人のエンディングです。

おすすめDISC

『ロマンス～ピアノ小品集』

田部京子（ピアノ）［Denon］

花束のようなピアノ小品集。プーランクも美しい。

壺井のツボ　ここがセンチメンタル！

曲全体がセンチメンタル。でも、メランコリーとかアンニュイとかニヒルとかが微量ずつ含まれていて、ほんのりビターな大人のお菓子、といったところでしょうか。

ごんぎつね ホ短調

作曲 壺井一歩（生1975年 日本〜）

わかってもらえない作曲家稼業

「作曲家の頭の中って一体どうなってるんですか？」

作曲家です、と自己紹介すると、結構な頻度でこの類いの質問がきます。「作曲をやっているなんてどうかしているに違いない」という意味で聞いている場合もゼロではないかもしれませんが、この質問が発生する理由は概ね「ピアニストが必死に練習しているヴィジュアルは想像がつくが、作曲家のそれはよくわからない」からでしょう。

本当はピアニストだって指を動かすことより頭の中のほうが大事なのですが、「まずは五線紙に音符を並べまして」とヴィジュアルに訴えようという私の返答に、これまで納得していただけたことはあまりありません。困ってしまいます。

音と言葉のコラボレーション

作曲は、作曲を依頼されるところから始まります。こんな編成で、演奏時間はこのくらい。ほかにも具体的な要望があったりします。それから私は、それらの条件の範囲内で、頭の中で即興演奏を始めます。

お風呂に入っているとき、電車に乗っていて読む本がないときなど、ちょっとした合間の時間に少しずつ、数週間から1ヶ月くらい。すると、だんだんと書くべき音楽の様子がわかってきます。複雑な迷路に何度も挑戦して、「行ったことのある道」が増えてくる感じ、とでも言えばいいでしょうか。そして、だいたいの雰囲気はわかった、となったところでようやく音符を並べ始めます。

この「ごんぎつね」も、まずは作曲を依頼されたところから始まりました。朗読とピアノ演奏の両方をひとりでやるという活動をしているピアニストからの依頼で、お題は新美南吉の名作『ごんぎつね』。作品は、お話に沿った9つの場面を、朗読と音楽が交互に描き出していく作りになっています。

この音楽はBGMではありません。朗読という「意味の光」に照らされて、音楽それ自体が「物語」になることを目指しています。

壺井のツボ　ここがセンチメンタル！

朗読とピアノのほかに、一部場面にはヴォカリーズが入っています。言葉が「朗読」の形で並置されているという状況での「歌詞のない声」は、逆に、大変意味深く聴こえてくるような気がします。

おすすめDISC

『語りピアノII』
柏木薫（ピアノ）／
ポールソン（メゾソプラノ）［キキレコーズ］

音楽のツボを抑えたピアノと表情豊かな朗読。柏木薫の「語りピアノ」第2弾。

音楽はフィクション

国語のテストに「このときの作者の心境を○○字以内で述べなさい」という問題が出たので、「締め切りに追われて大変だった」と解答を書いたらバツを付けられた、という笑い話がありますが、いやいや、笑い話ではありません。小説でも作曲でも、作品を作っているときの作者の頭の中は締め切りでいっぱいです。

珍しく締め切りはまだまだ先で、シャープペンを片手でくるくるまわしながら余裕の作曲をしているときでも、考えていることはといえば「作曲が遅れたから練習時間が足りなかった、なんてことは（今回は）言わせないぜ」もしくは「こんなに早く書いてるんだからギャラもうちょっと上げてくれないかなあ」というようなものです。作曲者の本当の心境なんて知ったら、音楽を聴く気は失せてしまいます。

作曲は、非常に地味な作業の連続です。必要な音を選び出し、加工し、試行錯誤を繰り返しながらこつこつと組み立てて、最終的な完成像に一歩一歩にじり寄っていきます。

その過程で、ここで短調を使おう、と考えることがあります。それは、最終的な目標に近づくために必要だと判断したからなのであって、「今日はとても悲しいので、短調を多めに使っていこう」などと考えているわけではありません。

仮に、自分の失恋について作詞した歌を短調で作曲したとしても、それは「悲しい感じを出す」ための手段として短調を選んだのであって、「悲しいから」短調を選んだのではないでしょう（まあ、ちょっとは悲しかったでしょうが）。この場合、作曲者は「自分の失恋についての歌を作曲する」という「最終的な目標」のためには短調が最適である、と考えて、短調を選んでいるのです。

つまり、音楽とはフィクションなのです。音楽は作曲家の心情の吐露の結果ではないし、作曲家は心情を吐露したいがために音楽を書いているわけではありません。だから、作曲者が何を考えていたのかということは、音楽にとってはあまり関係のないことです。もちろん、作曲者の人となりであったり、その曲を作曲していたときにどんなことを考えていたかを知ることは、音楽に別の楽しみ方を提供してくれる要素にはなり得ますが。

子どもの頃、私はブロック遊びが大好きでした。ブロックで小さな「世界」を作り、その「世界」の中でいつまでも遊んでいました。それから、親の手を引っ張ってきて「どう？　すごいでしょ」と見せるのです。

大人になって、私はいま「作曲」をやっていますが、作曲もブロック遊びと同じようなものだと思っています。音が好き、音を組み立てるのが好き、その世界の中に入って遊ぶのが好き。そして、それを誰かに聴いてもらいたいと思うことは、自分の作った「世界」を見せたくて親の手を引いていたことと同じです。その「世界＝音楽」の楽しさを、誰かと共有したい、と強く思うからです。

音楽は、それ自体が魅力的な「世界」であり、それを共有するための「手段」であり、「目的」なのです。

あとがき

私は普段、作曲家として音楽を作っています。まあだから、音で表現するということについては、そこそこの自信はあります。

しかし、言葉で音楽を表現することは、とてもとても難しいものでした。音楽のまわりをぐるぐる回っているようだったり、つかまえたと思っても、一番大事なところにするりと逃げられてしまうようだったり。音楽のしっぽくらいはつかめたのかどうか、あまり自信はありません。

だから、この本を読んで、幸運にもどれかの曲に興味を持っていただけたら、ぜひ、実際の音楽を聴いてください。そこに、音楽のすべてがあります。

この本のお話をいただいてから、あとがきを書いている今まで、ずいぶん長い時間がたってしまいました。気長に待ち続けていただいた廣済堂出版の伊藤岳人さん、木杳舎の稲葉由香さんに、深くお礼申し上げます。

壺井一歩

参考文献一覧

『ニュー・グローヴ世界音楽大事典』（講談社）
『音楽中辞典』（音楽之友社）
『伝記 ラフマニノフ』（ニコライ・バジャーノフ著　音楽之友社）
『ひそやかな音楽・フェデリコ・モンポウ 生涯と作品』（クララ・ジャネス著　東京音楽社）
『ショスタコーヴィチ大研究』（森田稔ほか共著　春秋社）
『ショスタコーヴィチ ある生涯』ローレル・ファーイ著　アルファベータ）
『礫のロシア』（亀山郁夫著　岩波書店）
『新チャイコフスキー考』（森田稔著　ＮＨＫ出版）
『ロシア音楽の魅力』（森田稔著　東洋書店）
『ロシア音楽史』（フランシス・マース著　春秋社）
『プロコフィエフ 自伝／随想集』（セルゲイ・プロコフィエフ著　音楽之友社）
『アレクサンドル・スクリャービン』（フォービオン・バウアーズ著　泰流社）
『パリのプーランク』（小沼純一著　春秋社）
『シベリウス 写真でたどる生涯』（マッティ・フットゥネン著　音楽之友社）
『作曲家 人と作品：ドヴォルジャーク』（内藤久子著　音楽之友社）
『ドヴォルザーク』（クルト・ホルノカ著　音楽之友社）
『スメタナ―ドヴォルジャーク』（渡鏡子著　音楽之友社）
『スペイン音楽のたのしみ』（濱田滋郎著　音楽之友社）
『粋と情熱 スペイン・ピアノ作品への招待』（上原由記音著　濱田滋郎監修　ショパン）
現代ギター96年12月臨時増刊『ヴィラ＝ロボスとギター』（濱田滋郎ほか共著　現代ギター社）

『パブロ・カザルス 喜びと悲しみ』（アルバート・E・カーン編　朝日新聞社）
『パブロ・カザルス 鳥の歌』（ジュリアン・ロイド・ウェッバー編　筑摩書房）
『作曲家 人と作品：ドビュッシー』（松橋麻利著　音楽之友社）
『メシアンによるラヴェル楽曲分析』（オリヴィエ・メシアン著　全音楽譜出版社）
『エリック・サティ覚え書』（秋山邦晴著　青土社）
『ブラームスの音楽と生涯』（吉田秀和著　音楽之友社）
『作曲家 人と作品：ブルックナー』（根岸一美著　音楽之友社）
『フレデリック ショパン 全仕事』（小坂裕子著　アルテスパブリッシング）
『ショパン おもしろ雑学事典』（室田尚子ほか共著　ヤマハミュージックメディア）
『ブルクミュラー 25の不思議』（飯田有抄、前島美保共著　音楽之友社）
『シューマン 全ピアノ作品の研究 下』（西原稔著　音楽之友社）
『モーツァルトとベートーヴェン』（中川右介著　青春出版社）
『J・S・バッハ』（礒山雅著　講談社）
『バッハ おもしろ雑学事典』（那須田務ほか共著　ヤマハミュージックメディア）
『J・S・バッハ 時代を超えたカントール』（川端純四郎著　日本キリスト教団出版局）
『バロック音楽』（皆川達夫著　講談社）
『バロックから初期古典派までの音楽の奏法』（橋本英二著　音楽之友社）
『管弦楽法』（ウォルター・ピストン著　音楽之友社）

企画・編集　稲葉由香（木杏舎）
本文デザイン　清原一隆（KIYO DESIGN）
DTP制作　伊藤琴美（KIYO DESIGN）

心に響く「短調クラシック」入門
センチメンタルな音楽があなたを癒す

2015年 2月25日　第1版第1刷

著　者　壺井一歩
発行者　清田順稔
発行所　株式会社廣済堂出版
〒104-0061　東京都中央区銀座3-7-6
電話 03-6703-0964（編集）
03-6703-0962（販売）
Fax 03-6703-0963（販売）
振替 00180-0-164137
http://www.kosaido-pub.co.jp

印刷所
製本所　株式会社廣済堂

装　幀　株式会社オリーブグリーン
ロゴデザイン　前川ともみ＋清原一隆（KIYO DESIGN）

ISBN978-4-331-51919-6 C0295